살아 있다는 것

너머학교 열린교실 23

살아 있다는 것

김성호 글 유해린 그림

너머학교

사람은 자연학적으로는 단 한 번 태어나고 죽지만 인문학적으로는 여러 번 태어나고 죽습니다. 세포의 배열을 바꾸지도 않은 채 우리의 앎과 믿음, 감각이 완전 다른 것으로 변할 수 있습니다. 이것은 그리 신비한 이야기가 아닙니다. 이제까지 나를 완전히 사로잡던 일도 갑자기 시시해질 수 있고, 어제까지 아무렇지도 않게 산 세상이 오늘은 숨을 조이는 듯 답답하게 느껴질 때가 있습니다. 내가 다른 사람이 된 것이지요.

　어느 철학자의 말처럼 꿀벌은 밀랍으로 자기 세계를 짓지만, 인간은 말로써, 개념들로써 자기 삶을 만들고 세계를 짓습니다. 우리가 가진 말들, 우리가 가진 개념들이 우리의 삶이고 우리의 세계입니다. 또 그것이 우리 삶과 세계의 한계이지요. 따라서 삶을 바꾸고 세계를 바꾸는 일은 항상 우리 말과 개념을 바꾸는 일에서 시작하고 또 그것으로 나타납니다. 우리의 깨우침과 우리의 배움이 거기서 시작하고 거기서 나타납니다.

　아이들은 말을 배우며 삶을 배우고 세상을 배웁니다. 그들은 그렇게 말을 만들어 가며 삶을 만들어 가고 자신이 살아갈 세계를 만들어 가지요. '생각교과서—열린교실' 시리즈를 준비하며, 우리는 새로운 삶을 준비하는 모든 사람들, 아이로 돌아간 모든 사람들에게 새롭게 말을 배우자고 말하고자 합니다.

무엇보다 삶의 변성기를 경험하고 있는 십대 친구들에게 언어의 변성기 또한 경험하라고 말하고 싶습니다. 그래서 자기 삶에서 언어의 새로운 의미를 발견한 분들에게 그것을 들려 달라고 부탁했습니다. 사전에 나오지 않는 그 말뜻을 알려 달라고요. 생각한다는 것, 탐구한다는 것, 기록한다는 것, 읽는다는 것, 느낀다는 것, 믿는다는 것, 논다는 것, 본다는 것, 잘 산다는 것, 사람답게 산다는 것, 그린다는 것, 관찰한다는 것, 말한다는 것, 이야기한다는 것, 기억한다는 것, 가꾼다는 것, 차별한다는 것, 듣는다는 것, 묻는다는 것, 살아 있다는 것……. 이 모든 말의 의미를 다시 물었습니다. 그리고 서로의 말을 배워 보자고 했습니다.

'생각교과서—열린교실' 시리즈가 새로운 말, 새로운 삶이 태어나는 언어의 대장간, 삶의 대장간이 되었으면 합니다. 무엇보다 배움이 일어나는 장소, 학교 너머의 학교, 열려 있는 교실이 되었으면 합니다. 우리 모두가 아이가 되어 다시 발음하고 다시 뜻을 새겼으면 합니다. 서로에게 선생이 되고 서로에게 제자가 되어서 말이지요.

고병권

차례

기획자의 말 5

1. 살아 있는 것은 따듯하다　9

2. 살아 있는 것은 가만히 있지 않는다　19

3. 살아 있다는 것은 시간과 대화할 줄 안다는 것이다　33

4. 살아 있는 것은 저마다 나름의 방식으로 그 존재를 표현한다　43

5. 살아 있는 것은 더없이 섬세하고 체계적이다　57

6. 살아 있는 것의 대부분을 차지하는 것은 물이다　69

7. 살아 있다는 것은 역동적인 멈춤 상태다　79

8. 살아 있는 것은 모두 상처가 있다　87

9. 살아 있는 것은 끝없이 다툰다　97

10. 살아 있다는 것은 언젠가 죽는다는 뜻이기도 하다　107

11. 살아 있다는 것은 깨어 있다는 것이다　117

12. 살아 있다는 것은 기적이 일어났다는 뜻이다　129

1.   살아 있는 것은
           따듯하다

자연에 깃들인 동물을 많이 만났고 지금도 열심히 만나고 있지만 직접 만져 본 경험은 드뭅니다. 자연에 있는 것은 손대지 말고 그대로 두는 것이 옳다는 생각입니다. 게다가 동물은 저마다 최소 경계 거리가 있으니 그것을 지키려 애쓰기 때문일 것입니다. 두 번 직접 만져볼 기회가 있었습니다.

나의 첫 책『큰오색딱따구리의 육아일기, 2008년』이 나온 다음해 봄날이었습니다. 어느새 오래 전 일이 되었네요. 동료 교수로부터 책에서 본 큰오색딱따구리 어린 새가 둥지에서 떨어져 날지 못하고 있다는 연락이 왔습니다. 대학이 숲속에 있어서 새가 많았습니다. 한걸음에 달려가 보니 분명 어린 큰오색딱따구리 수컷이었습니다. 우선 어린 새를 처음 발견했다는 장소를 중심으로 주변을 둘러보며 둥지를 찾아보았습니다. 둥지를 찾아 다시 넣어 주는 것이 최선이었기 때문입니다.

하지만 큰오색딱따구리의 둥지는 보이지 않았고, 부모 새의 모습도 눈에 띄지 않았습니다. 어린 새는 많이 놀란 모습이었고요. 연구실로 데려가 안정을 취하게 하는 것이 우선이라는 생각이 들었습니다. 맨손으로 달려간 터라 가만히 손으로 안아 가슴에 품고 연구실로 옮겼습니다. 다행히 날개는 온전해 보였으며 내 손가락을 쥐는 힘도 꽤 강했습니다.

연구실로 돌아와서는 널찍한 종이 상자에 어린 새를 넣고 너무 밝지도, 너무 어둡지도 않게 한 다음 바로 산으로 달려갔습니다. 어린 새에게 줄 먹이를 구해야 했습니다. 큰오색딱따구리 부모 새가 어린 새에게 주는 먹이는 익히 알고 있었기에, 우선 썩어 쓰러져 있는 나무를 뒤졌습니다. 다행히 적당한 크기의 딱정벌레 애벌레 몇 마리를 찾을 수 있었습니다. 아주 작은 크기의 개미 애벌레가 많이 있는 나무는 그루터기 채로 둘러메고 왔습니다.

먹이를 주고는 30분 정도 연구실 밖에서 기다렸습니다. 딱정벌레 애벌레는 그대로 있었습니다. 개미 애벌레도 다르지 않았고요. 먹어 주기만 한다면 먹이를 구하는 것은 그리 힘든 일이 아닙니다. 날개에 힘이 생겨 날 수 있을 때까지 돌본 뒤 보내 주려 했는데 통 먹지 않았습니다. 30분을 더 기다려 보아도 아무 변화가 없었습니다. 가능한 빨리 부모 새를 만나게 하는 것이 최선이겠다는 쪽으로 생각이 바뀌었습니다. 어린 새가 가장 편하게 부모 새를 기다릴 장소로 딱따구리 둥지보다 더 좋은 곳이 떠오르지 않았습니다. 상자를 들고 밖으로 나갔습니다.

연구실 앞뜰에는 딱따구리의 둥지가 있는 오동나무가 두 그루 있었습니다. 하나는 건물에 바로 붙어 있고 다른 하나는 숲 근처에 서 있었습니다. 숲 쪽 오동나무로 갔습니다. 낯선 둥지여서 그랬을까요? 어린 새는 좀처럼 안으로 들어가려 하지 않았습니다. 그래도 나무를 붙드는 힘은 있어 보여 손을 놓았더니 조금씩 나무를 타고 올라가기 시작했습니다. 1미터 정도 올라갔을 때였습니다. 화들짝 놀랐습니다. 머리 윗부분 전체가 붉은 아빠 새가 온 것이었습니다. 게다가 아빠 새의 부리에는 어린 새에게 줄 딱정벌레 애벌레도 물려 있었습니다. 처음 어린 새를 만난 곳에서 300미터 떨어진 연구실로 왔고, 2시간이나 지났건만 아빠 새는 나를 따라와 밖에서 계속 기다리고 있었던 것입니다. 그렇지 않고서는 소리 한 번 내지 않은 어린 새를 바로 찾아올 수는 없는 노릇이었습니다. 어린 새에게 줄 먹이를 내내 물고 있었을지도 모릅니다.

아빠 새는 어린 새에게 먹이를 전해 주고는 숲으로 날아갔습니다. 내가 펄쩍 뛰어 손을 뻗으면 닿을 높이에서 이런 일이 벌어지고 있다는 것이 믿기지 않았습니다. 하지만 큰오색딱따구리 아빠 새가 어린 새를 위해 목숨마저 내놓으며 매에게 맞섰던 기억이 떠오르며, 이 정도는 아무것도 아닐 수 있다는 생각이 들기도 했습니다. 잠시 후 먹이를 받아먹은 어린 새의 몸짓에서 뭔가 결기가 느껴집니다. 비상! 어린 새는 힘찬 날갯짓으로 아빠 새가 날아간 숲을 향해 날아갔습니다.

날개가 완전히 상한 것이 아니고서야 내가 할 수 있는 일은 아무

것도 없었습니다. 아니, 아무것도 하지 않는 것이 옳았습니다. 섣부른 간섭을 계속했다면, 어린 새의 날개는 오히려 영원히 꺾였을지도 모릅니다. 무척 인상적인 느낌이 남았습니다. 어린 새를 안았을 때 엄청 따듯했다는 점입니다. 어린 새가 내 손을 떠난 뒤에도 따듯함은 한동안 그대로 남아 있었습니다.

두 번째는 반대의 경우입니다. 살아 있음이 끝나면 따듯함은 식습니다. 차가움을 넘어 싸늘해집니다. 변온 동물이라도 차가울지언정 싸늘한 느낌은 없습니다. 차가움과 싸늘함은 다릅니다.

우리 집은 한동안 네 식구였습니다. 아내, 나, 아들, 딸. 2004년, 둘째인 딸이 10살이 되었을 때 우리 집에 막내가 와 주었습니다. 태어난 지 얼마 되지 않은, 허리가 길쭉한 검은색 강아지였습니다. 우리 식구 다섯은 오랜 시간 행복했습니다. 그러다 막내가 먼저 세상을 떠나게 됩니다.

막내가 떠나던 날입니다. 봄볕이 따듯했습니다. 산책길에 나섰습니다. 유모차에 태워 평소에 뛰어다니던 길을 중심으로 천천히 돌고 또 돌았습니다. 편안해 보였습니다. 따듯한 봄볕에 화답하듯 산수유 꽃이 노랗게 피어 있었습니다. 밖에 나가면 가장 좋아하는 곳이 있습니다. 볕이 잘 내려 봄날이면 작디작은 푸른빛 봄까치꽃이 고개를 다닥다닥 내미는 곳입니다. 눈빛만으로 무엇을 원하는지 알 수 있기에 유모차에서 잠시 내려 주었습니다. 몸을 간신히 일으켜 몇 걸음

떼다 주저앉고 맙니다. 며칠 사이에 체중이 많이 줄었습니다. 그렇게 오후가 지났습니다. 서울에서 아들과 딸이 퇴근하자마자 바로 내려왔습니다. 둘이 약속이라도 한 듯 다음 날은 월차를 냈고요. 며칠 잠을 못 잔 아내를 대신해 아들과 딸이 막내 곁을 떠나지 않았습니다. 밤이 깊어지며 호흡이 조금씩 거칠어졌습니다. 그래도 며칠은 견뎌줄 것 같아 깜빡 잠이 들었을 때였습니다. 딸의 울음소리에 깜짝 놀라 일어나 보니 상태가 좋지 않았습니다. 숨을 몰아쉬었습니다. 그러기를 몇 번… 아주 힘겹고 크게 마지막 숨을 내쉰 막내는 더 이상 움직이지 않았습니다. 16년 2개월 동안 함께였던 막내는 나, 아내, 아들, 딸의 눈물 속에 그렇게 떠났습니다. 아빠, 엄마, 오빠, 언니의 입맞춤과 쓰다듬음을 받으며 막내는 잠들었습니다. 잠드는 것은 따듯함이 식는 것이었습니다. 싸늘하게.

동물은 등뼈, 곧 척추가 있느냐 없느냐에 따라 무척추동물과 척추동물로 나눕니다. 척추동물은 진화의 정도에 따라 다시 어류, 양서류, 파충류, 조류, 포유류로 나뉘고요. 어류, 양서류, 파충류는 외부 온도에 따라 체온도 따라 변하는 변온 동물입니다. 변온 동물은 체온이 없다고 생각하기 쉬우나, 외부 온도에 따라 변할 뿐입니다.

또한 온도는 상대적입니다. 우리 기준으로는 차가운 것도 실제는 따듯한 것일 수 있습니다. 예전에는 어류, 양서류, 파충류를 피가 차갑다 하여 냉혈 동물이라 불렀습니다. 하지만 인간의 기준으로 차가울 뿐 살아 있는 동물의 피는 변온 동물이라도 차갑지 않습니다. 그래서 근래는 냉혈 동물이라는 표현을 잘 쓰지 않습니다. 변온 동물도 외부의 온도에 따라 따듯할 수 있습니다. 살아 있다면 말이지요. 결국 살아 있다는 것은 따듯함을 유지하고 있다는 뜻이기도 합니다.

조류와 포유류는 체온이 일정하여 정온 동물 또는 항온 동물이라 부릅니다. 피가 따듯하여 온혈 동물이라 부르기도 하고요. 어디 혈액뿐일까요? 몸이 따듯하니 그 안에 있는 모든 것이 따듯하기 마련이지요. 항온 동물은 체온이 일정 수준 아래로 떨어지거나 올라가면 목숨을 잃습니다. 너무 낮아도, 너무 높아도 죽음에 이르는 것이 참 묘합니다. 인간의 경우 ± 3℃이면 문제가 발생하고 ± 5℃이면 치명적입니다. 그런데 일정 체온이, 게다가 따듯한 체온이 그냥 유지될 리 없습니다. 열이라고 하는 에너지가 유지되려면 에너지 공급원이 있어야 합니다. 동물의 경우 에너지원은 먹이입니다.

먹어야 따듯함을, 체온을 유지할 수 있습니다. 그러나 먹을 것을 구할 수 없는 형편에 처할 수 있습니다. 겨울, 모든 것이 얼어붙는 겨울의 형편이 그렇습니다. 동물은 길을 찾습니다. 먹지 않고 죽지 않을 만큼 체온을 유지하는 방법, 겨울잠입니다. 무척추동물은 대부분 이 방법을 택하고, 척추동물 중에서도 겨울잠을 택하는 경우가 많습니다. 그만큼 겨울이라는 시간이 혹독하기 때문이지요.

이런 점에서 특별한 생명이 있습니다. 겨울잠을 자지 않고 먹을 것을 찾아 이동하는 생명이 있는 것입니다. 새입니다. 겨울 철새는 먹을 것을 찾아, 결국 따듯함을 유지하기 위해 이동합니다. 새의 먹이인 곤충, 어류, 양서류, 파충류는 겨울이면 찾기 어려워집니다. 사실 불가능에 가깝습니다. 곤충은 사라지고, 어류는 깊은 곳에 몸을 숨긴 채 가만히 있고, 양서류와 파충류는 겨울잠에 들어가기 때문입니다. 차선책으로 찾는 것이 메마른 열매나 씨앗이지만 시베리아나 몽골의 겨울은 그마저 허락하지 않습니다. 모두 꽝꽝 얼어붙으니까요. 그래서 그나마 먹이를 구할 만한 곳을 찾아 먼 길을 이동하는 게 겨울 철새의 운명인 것입니다. 살아 있다는 것은 따듯함을 유지하고 있다는 뜻이며, 따듯함을 유지하려면 먹어야 합니다. 따듯함은, 열은, 먹은 먹이를 몸에서 태워 얻는 것이니까요.

먹는 것만으로 따듯함을 유지하는 것이 벅찰 수 있습니다. 살아 있는 것은 따듯함을 유지할 보조적인 방법도 모색합니다. 여름 철새의 번식기는 장마를 지나기 마련입니다. 1주일에서 2주일에 이르도록 비가 끊이지 않을 때가 있습니다. 새의 둥지는 대체로 덮개 없이 위가 열려 있는 경우가 많습니다. 비가 오면 그냥 맞아야 하는 구조인 셈이지요. 어린 새, 특히 아직 털이 다 나지 않은 어린 새는 스스로 체온을 유지하기 어렵습니다. 달리 길이 없습니다. 부모 새들은 우산이 되어 어린 새들을 덮어 품어 줍니다.

새가 알만 품는 것이 아닙니다. 어린 새의 체온, 따듯함을 유지하기 위해 부모 새는 새의 생명과도 같은 날개를 접고 새끼를 덮어 줍니다. 날개 없는 몸뚱이가 되는 것이지요. 버려야 얻습니다. 더 나아가 죽어야 삽니다. 비과학적인 표현이지만 사실입니다.

근래 두루미의 잠에 대해 연구하고 있습니다. 잠을 자는 장소의 특징, 온도에 따른 대형의 변화를 주로 살펴보고 있습니다. 두루미의 서식지는 우리나라에서 가장 추운 곳으로 꼽히는 철원입니다. 게다가 밤입니다. 영하 25℃ 정도가 되면 숨을 쉬는 것도 쉽지 않습니다. 폐가 시리다는 것이 무엇인지 체험하게 됩니다. 아무리 위장 텐트 안에 있어도 손과 발이 잘려 나가는 것 같습니다. 그래도 차마 "아, 추워!" 소리를 내지 못합니다. 미안해서 그렇습니다. 두루미는 그 얇은 깃털 한 겹으로 버티고 있으니까요. 혹한 속에서 저들은 다리 하나로 서서 긴 목을 등에 올려놓고 깃털 속으로 살까지 파고듭니다. 내 손과 발은 끊어질 듯 차갑지만 내 몸은 따뜻합니다. 그래서 언 손을 녹일 수도 있습니다. 안아 볼 수 없지만 영하 25℃ 속에 서 있는 두루미의 몸도 따뜻할 것입니다. 살아 있으니까요.

2.   살아 있는 것은
            가만히 있지 않는다

살아 있는 것은 가만히 있지 않아요. 움직입니다. 동물은 움직임이 분명합니다. 방법도 다양합니다. 걷고, 뛰고, 날고, 점프하고, 헤엄치고, 기고……. 하등동물은 움직임이 또렷하지는 않더라도 나름의 방식으로 움직입니다. 식물은 어떨까요? 물론 움직입니다. 속도가 느려 인간의 기준으로 움직임이 없다고 느껴질 뿐이지요. 꽃이 피는 과정도 그렇습니다. 과정 전체를 모두 촬영한 뒤 빨리 돌려서 보면 움직이는 것을 분명하게 느낄 수 있습니다. 물론 공간 이동을 할 수는 없습니다. 한 곳에서 뿌리를 내리고 살기 때문이지요. 하지만 씨앗을 퍼뜨려 다른 장소에서 다시 뿌리를 내리고 사는 모습을 움직이는 것이라 보는 것도 가능한 해석이 아닐까 싶습니다.

이처럼 움직임 또한 어떻게 정의하느냐에 따라 다릅니다. 가만히 앉아서 자판을 눌러 문서를 작성한다 치지요. 손을 움직인 것입니다. 가만히 앉은 채로 목을 돌려 목 운동을 한다 치지요. 목을 움직인 것입니다. 움직이지 않았는데 움직였다고 말합니다. 식물은 움직이지 못하기도 하고 움직이기도 하지만 자유롭게 움직이는 동물보다 대체로 더 오래 삽니다. 공간을 이동할 수 있는 능력이 한자리에 그대로 있는 것보다 더 우월하다 할 수 없다는 뜻입니다.

'움직이다'의 사전적 정의는 "멈추어 있던 자세나 자리가 바뀌다. 또는 자세나 자리를 바꾸다."로 되어 있습니다. 식물은 분명 움직입니다. 자리를 바꾸지 못할 뿐이지요. 살아 있는 것은 가만히 있지 않습니다. 모두 움직입니다.

살아 있는 것은 가만히 있지 않아요. 순환합니다. 가만히 있어도 가만히 있는 것이 아니랍니다. 돌고 또 돕니다. 살아 있는 모든 것은 순환의 고리를 벗어날 수 없습니다. 어린 시절, 시골 외가에서 생활할 기회가 많았습니다. 덕분에 자연에는 먹이 사슬이라는 것이 작동하고 있다는 것을 학교에서 배우기도 전에 알고 있었습니다. 섬서구메뚜기는 콩잎을 갉아 먹고, 벼메뚜기는 벼를 갉아 먹습니다. 섬서구메뚜기와 벼메뚜기를 참개구리가 긴 혀를 뻗어 잡아 꿀꺽 삼키지요. 물로 뛰어들어 뒷다리까지 늘어뜨린 편안한 자세로 소화 좀 시키려는 참개구리를 가물치가 덥석 물어 냉큼 삼킵니다.

내내 기다리던 왜가리가 드디어 구부렸던 긴 목을 쭉 폅니다. 칼날 같은 큰 부리는 가물치의 몸통을 관통합니다. 그 큰 가물치를 머리부터 차근차근 삼킵니다. 가느다란 목이 부풀어 오릅니다. 왜가리의 목을 따라 가물치가 꿈틀거리며 내려갑니다. 먹이 사슬의 한 토막이었습니다. 하나의 생명이 다른 생명의 일부가 된다는 것은 살짝 충격이기도 했습니다.

먹이 피라미드에서 최상위 포식자는 마치 불멸이며 순환하지 않는 것처럼 보이기도 합니다. 하지만 결국 죽어 자연의 원자나 분자로 분해되기는 마찬가지입니다. 그런 면에서 보면 결국 식물이 나고, 동물이 나고, 미생물이 나인 셈입니다. 예를 들면 이런 식이지요.

집 근처 졸참나무 잎이 뿜어낸 산소를 내가 들이마십니다. 내게서 나온 이산화탄소를 민들레가 흡수해 광합성을 하고요. 다시 나온 산소를 멧토끼가 들이마셔요. 멧토끼에서 나온 이산화탄소를 이제 막 피어난 봄맞이꽃 잎이 빨아들여 광합성을 하고요. 봄맞이꽃이 광합성의 결과로 내뿜는 산소를 휘파람새가 들이마셔 호흡을 해요. 호흡의 결과로 나온 이산화탄소를 은사시나무 잎이 흡수해 광합성을 하고요. 그 산소를 다시 내가 코로 빨아들여 호흡하고요. 그러다 보면 나도 언젠가 저 들녘에 핀 들꽃의 일부가 되어 있을 것입니다.

살아 있는 것은 가만히 있지 않아요. 어딘가를 향해 갑니다. 그러면서 변화하지요. 변화는 균형, 평형, 조화, 적응을 비롯한 모든 몸짓을 포함합니다. 때로 가만히 있는 것으로 보일 수 있습니다. 그렇게 보일 뿐이지요. 실상은 다릅니다. 나무, 가만히 있는 듯 보이잖아요. 그렇지 않습니다. 위가 잘리면 옆으로 뻗어 살길을 찾고 옆이 잘리면 더 위로 뻗어 살길을 찾습니다. 쉽게 주저앉지 않습니다.

향해 나아간다는 것은 꿈꾸는 것이 있다는 뜻이기도 합니다. 어류, 양서류, 파충류, 조류에 대해 생각해 보겠습니다. 아직도 물고기는 있어요. 물을 벗어날 꿈을 꾸지 않은 물고기들입니다. 물고기 중 지극히 일부가 꿈을 꿉니다. 뭍으로도 오르고 싶은 꿈이지요. 저곳은 어떤 세상일까? 아가미로 호흡하는 것이 아니라 폐로 호흡하면 좋겠다는 꿈을 꾼 것입니다. 이룹니다. 그래서 양서류가 생깁니다. 지금도 여전히 양서류는 있습니다. 그것으로 꿈을 멈춘 친구들이지요. 그런데 양서류 중 또 지극히 일부가 꿈을 꿉니다. 물과 뭍을 오가는 정도가 아니라 아예 뭍에 정착하려는 꿈이지요. 꿈을 꾸었으니 이룹니다. 파충류입니다. 지금도 파충류는 있습니다. 물을 떠나 뭍에 오르고 아가미를 던져 버리고 온전한 폐를 갖춘 것으로 꿈을 멈춘 친구들이지요.

그런데 또 다시 파충류 중 지극히 일부가 꿈을 꿉니다. 하늘을 나는 꿈이에요. 그 꿈을 이룬 것이 조류입니다. 이처럼 환경의 변화에 따라 변화하다 보면 많이 다른 모습이 됩니다. 물론 상상할 수 없는 오랜 시간이 걸리지만 언젠가는 그런 일은 벌어집니다. 진화라고 말합니다.

살아 있는 것은 가만히 있지 않아요. 큽니다. 무엇이 크는 것을 표현하는 두 낱말이 있습니다. 성장과 생장입니다. 일반적으로 생장은 생명체가 크는 것을 표현하고, 성장은 무생물이 크는 것을 말합니다. 하지만 칼로 자르듯 나눌 수 있는 것은 아니어서 서로 섞어 쓰기도 합니다. 어떨 때는 생명체에 관한 것이어도 성장이라는 표현이 더 친근할 때가 있습니다. 하지만 여기서는 일반적인 흐름을 따라 생장이라는 낱말을 쓰기로 하겠습니다. 생장의 정의는 세포 수와 세포 부피의 비가역적인 증가입니다. 즉 세포의 숫자가 늘어나고 세포의 부피가 늘어나는 겁니다. 늘었다 줄었다 하는 것이 아니라 되돌릴 수 없게요.

세포의 숫자는 세포 분열로 늘어납니다. 때가 되면 세포는 분열합니다. 그때는 언제일까요? 세포는 공(구)에 가깝습니다. 구의 부피는 $4/3\pi r^3$이지요. 반지름의 세제곱에 비례합니다. 반지름이 2배 커지면, 부피는 8배 증가한다는 뜻이에요. 구의 겉면적은 $4\pi r^2$입니다. 반지름의 제곱에 비례합니다. 반지름이 2배 커지면, 겉면적은 4배 증가한다는 뜻이에요. 세포가 클수록 내용물은 반지름의 세제곱에 비례하여 증가하는데, 내용물을 담을 그릇은 반지름의 제곱에 비례하여 증가하니 감당하지 못하겠지요. 덩치가 커져서 담을 수가 없는 것입니다. 방법은 내용물을 나누어서 줄이는 거예요. 세포에서는 이런 일이 빈틈없이 벌어지는 것이고요.

실제로 보이지는 않지만 바로 지금 이 순간에도 미생물은 어디선가 크고 있습니다. 시간이 오래 걸릴 때가 대부분이나 식물과 동물은 실제로 큽니다. 게다가 '쑥쑥' 크기도 하지요. 키가 크는 것은 정말 놀라운 일입니다. 그래, 맞아요. 놀라운 정도를 넘어 위대한 것이지요. 키가 크는 것은 중력에 역행하는 과정이기 때문이에요. 눈과 비도, 손에 들고 있는 물체도 놓으면 아래로 떨어집니다. 그것이 중력의 방향이지요. 그런데 크는 것은 그 반대 방향으로 일어납니다. 그래서 살아 있는 것은 모두 위대한 것입니다.

살아 있는 것은 가만히 있지 않아요. 밟으면 꿈틀거립니다. 조금 고상하게 표현하자면, 자극에 반응합니다. 자극의 자는 '찌르다'를 뜻하고 극은 '창'을 말합니다. 자극은 창으로 찌르는 것입니다. 자극에 대한 동물의 반응은 또렷하게 나타납니다. 나타날 수밖에 없지요. 아프니까요. 식물은 어떨까요? 동물만큼은 아니더라도 분명히 반응합니다.

굴성과 경성이 대표적인 예입니다. '굴성'은 식물체의 일부가 외부 자극을 받았을 때 특정 방향으로 굽는 성질을 말해요. 자극 방향으로 굽는 것을 양성 굴성, 반대 방향으로 굽는 것을 음성 굴성이라 하고요. 자극을 받는 쪽과 반대쪽 세포의 생장 차이에 의해서 생기는 생장 운동이에요. 자극의 종류는 빛, 습도, 물, 화학 물질, 접촉, 전기, 상처를 비롯하여 다양해요.

'경성'은 온도, 습도, 빛, 진동, 바람 등에 대한 반응으로 굴성 운동과 달리 자극의 방향과 관계없이 일어나요. 빛의 자극에 의하여 민들레나 달맞이꽃이 열리고 닫히는 것, 온도의 변화에 따라 꽃잎이 벌어지고 오므라드는 것, 자귀나무를 비롯한 콩과 식물의 잎이 밤에 접히고 아침에 펼쳐지는 것, 미모사의 잎이 접촉에 의하여 아래로 처지는 것, 끈끈이주걱이나 파리지옥이 압력을 감지해 잎 전체를 움직여 벌레를 잡는 것 등을 예로 들 수 있어요.

경성은 대개 팽압의 변화로부터 비롯해요. 특정 자극을 받으면 식물 세포 안에서 밖으로 작용하는 압력인 팽압이 다르게 형성되어 어느 한쪽으로만 세포와 조직이 팽창하게 되는 것이지요. 그 결과 자극의 방향과 관계없이 한쪽으로 치우친 생장이나 운동이 일어나는 것입니다.

굴성과 경성과 달리 '주성'은 대체로 하등 동물에게서 볼 수 있어요. 굴성처럼 외부 자극에 따라 방향을 바꾸는 운동인데, 차이점은 몸 전체가 움직인다는 점이에요. 자극에 접근하거나 피하는 것이지요. 좋은 것에는 다가서고 나쁜 것에서는 멀어지는 원리로 하등 동물의 생존에 유리합니다. 식물의 굴성과 마찬가지로 자극의 방향으로 이동하는 양성 주성과 반대 방향으로 이동하는 음성 주성이 있어요. 가해지는 자극의 종류에 따라 주화성(화학 물질)·주지성(중

력)·주광성(빛)·주촉성(접촉)·주열성(열)·주류성(수류)·주전성
(전류) 등으로 구분합니다.

살아 있는 것은 가만히 있지 않아요. 쉼 없이 쌓고 또 무너뜨립니다. 쉼 없이 쌓는 까닭은 한 번에 쌓이지 않기 때문입니다. 하나씩 차근차근 쌓아 갑니다. 하나의 세포가 분열하여 둘이 되고, 다시 분열하여 넷이 되고, 다시 여덟이 됩니다. 건너뛸 수 없고 건너뛰지 않습니다.

아미노산이라는 벽돌을 쌓아 단백질이라는 건물을 만듭니다. 벽돌이 두 장, 세 장, 네 장 … 몇 장 … 많이 쌓임에 따라 디펩티드, 트리펩티드, 테트라펩티드 … 올리고펩티드 … 폴리펩티드라 부르고 여러 장 쌓인 폴리펩티드를 단백질이라 부릅니다. 단백질은 세포의 구조와 기능의 바탕이 되는 아주 중요한 물질이지요. 역시 한 장씩 한 장씩 쌓입니다. 건너뛸 수 없고 건너뛰지 않습니다.

단백질을 만드는 데 쓰이는 아미노산은 20종류입니다. 놀랍고 신기하게도 동물과 식물의 20종류 아미노산은 같고 미생물 또한 거의 비슷합니다. 20장의 벽돌 중 어느 것을 몇 개나 어떤 순서로 쌓느냐에 따라 다른 모양의 건물이 만들어집니다. 건물마다 구조가 다르니 쓰임새도 다르지요. 만들어질 수 있는 집의 숫자는 무한대에 가깝지만 실제로 세포에는 수천 종류의 단백질이 존재합니다. 같은 방식으로 탄수화물도 단당류로부터 이당류, 올리고당류, 다당류를

만듭니다. 덩치가 좀 크다면 어떤 물질도 모두 그런 틀을 벗어나지 않습니다.

쌓으려면 부드러워야 합니다. 수많은 것을 쌓아 생긴 결과가 살아 있는 것이니 살아 있는 것 또한 부드럽고 유연합니다. 물론 죽으면 딱딱하고 뻣뻣해집니다. "살아 있으면서도 딱딱한 것이 많지 않나?" 할 수 있습니다. 나무껍질, 거북 등껍질… 그 또한 부드러운 것을 촘촘하게 무수히 많이 쌓아 이룬 단단함입니다. 뻣뻣함과 다릅니다.

나무껍질을 보겠습니다. 포도당을 켜켜이 쌓아 셀룰로스 한 가닥을 만듭니다. 현미경으로도 보이지 않는 구조로 연약하기 그지없습니다. 하지만 쌓고 또 쌓고 또 쌓아 세포벽을 만듭니다. 현미경으로 보면 이제 간신히 가느다란 줄 하나 정도로 드러납니다. 아직도 연약하기 그지없습니다. 이파리, 쉽게 찢어집니다. 다시 또 쌓고 또 쌓아 결국 단단한 나무껍질을 만듭니다. 살아 있는 것은 부드러운 것을 쌓고 또 쌓아 단단하게 만드는 재주가 있습니다.

쌓이는 것이 아니라 쌓는다고 했습니다. 쌓는 것과 쌓이는 것은 다르지요. 주체와 객체의 차이입니다. 눈은 떨어져 쌓여요. 생명을 잃은 잎도 떨어져 쌓이고요. 살아 있다면 저절로 쌓이는 것은 없습니다. 쌓아야 쌓입니다. 만들어지는 것이 아니라 만들어 갑니다.

그렇다고 쉼 없이 쌓아서 만들기만 하는 것은 아닙니다. 때가 되면 스스로 무너뜨릴 줄도 압니다. 자원은 한정적이기 때문입니다.

있는 것을 허물어야 새로운 것을, 필요한 것을 만들 수 있습니다. 한쪽에서는 쌓고 다른 한쪽에서는 허뭅니다. 변화에 대처하는 현명한 선택입니다.

숲 한가운데에 서 있습니다. 한 줄기 바람이 휙 지나갑니다. 전체는 아닐지언정 일부라도 흔들리는 것이 있고 조금도 흔들리지 않는 것이 있습니다. 흔들리는 것이 살아 있는 것입니다. 살아 있는 것은 가만히 있지 않습니다. 움직입니다. 순환합니다. 어딘가를 향해 갑니다. 큽니다. 밟으면 꿈틀거립니다. 쉼 없이 쌓고 또 무너뜨립니다. 이 중 하나라도 빠진 것이 있다면 살아 있는 것이 아닙니다.

3.   살아 있다는 것은
                         시간과 대화할 줄
                         안다는 것이다

살아 있는 것은 시간과 대화할 줄 압니다. 시간을 읽을 줄 아는 것이 지요. 시간을 읽을 수 있다는 것은 기다릴 줄 안다는 뜻이기도 합니다. 기다릴 줄 안다는 것은 무엇을 이루려면 지나야 하는 과정이 있다는 것을 안다는 것이기도 하고요. 기다릴 줄 아니까 무엇이든 알맞게 대처합니다.

일 년 내내 피는 꽃이 있던가요? 없습니다. 때가 되면 피어나고 지며, 꼭 그때여야 하는 시기에 열매를 맺습니다. 그렇습니다. 꽃이 피지 않고 열매를 맺을 수는 없습니다. 건너뛸 수 없는 것이지요. 잎도 그렇습니다. 잎눈이 터지면 하루하루 쑥쑥 큽니다. 클 대로 다 크면 스스로 푸름이 깊어지고요. 그러다 때가 되면 온몸을 붉게 물들여 불사르다 뚝 떨어집니다. 살아 있는 것은 그렇게 시간과 끝없이 대화하며 담담히 끝을 향해 갑니다.

살아 있는 것은 시간을 읽을 줄 압니다. 지구가 태양을 중심으로 왼쪽에서 오른쪽으로 한 바퀴 도는 것을 자전이라고 합니다. 24시간 걸리지요. 하루입니다. 태양을 중심으로 한 바퀴 돌다 보니 태양 빛을 받는 쪽과 받지 못하는 쪽이 생기기 마련이지요. 낮과 밤입니다. 지구는 자전축이 약 23.5° 기울어져 있습니다. 태양에서 지구로 빛이 도달하는 거리와 빛을 받는 시간, 곧 낮의 길이가 변합니다. 낮의 길이가 변한다는 것은 밤의 길이도 변한다는 뜻이지요. 살아 있는 것은 낮과 밤의 차이를 압니다. 낮과 밤의 장단점을 아는 것입니다. 그래서 동물은 야행성과 주행성이 있습니다. 야행성은 고도로 발달된 청각, 후각 및 어둠에 특별히 적응된 시력을 지니고 있고요.

지구는 자전 운동을 하는 동시에 태양 주위를 도는 공전 운동도 합니다. 한 바퀴 도는 데 걸리는 시간이 1년입니다. 지구를 포함한 모든 행성의 공전 궤도는 원이 아니라 타원입니다. 지구와 태양 사이의 거리가 항상 일정한 것이 아니라 멀어졌다 가까워졌다 한다는 것이지요. 계절이 생기는 배경입니다. 우리나라와 같은 중위도 지역에서는 기온 변화에 따라 봄, 여름, 가을, 겨울 사계절로 나눕니다. 열대 지역에서는 비의 양에 따라서 건기와 우기, 고위도 지역에서는 밤과 낮의 길이 변화에 따라 여름과 겨울로 구분하고요.

살아 있는 것은 시간을 읽을 줄 안다고 했습니다. 낮과 밤을 긴 호흡의 시간으로 본 것이 계절입니다. 낮과 밤을 구분할 수 있다는 것은 계절도 읽을 줄 안다는 뜻이지요. 읽을 줄 알 뿐만 아니라 문해력도 뛰어납니다. 그 덕에 식물에 열매가 맺힙니다. 열매가 맺히려면 꽃이 펴야 하고요. 그래서 꽃이 피는 시기가 중요합니다. 꽃가루를 옮기는 바람, 곤충, 비, 새와 때가 맞아야 하며 그렇게 때를 읽을 줄 알기에 지금 수많은 식물이 존재하는 것입니다.

꽃이 피는 시기를 결정하는 가장 중요한 요인은 낮의 길이입니다. 낮의 길이가 꽃눈이 생기는 데 영향을 주기 때문입니다. 하지를 지나면 낮의 길이가 점점 짧아집니다. 그러다 일정 시간보다 짧아지면 꽃이 피는 식물이 있습니다. '단일 식물'이라 부릅니다. 가을에 꽃이 피는 식물이 대부분 그렇습니다. 그런가 하면 어느 봄날에 우르르 피어나는 꽃들이 있습니다. 동지가 지나면 낮의 길이가 길어지기 시작합니다. 그러다 일정 시간보다 더 길어지면 꽃이 피는 식물이 있어 '장일 식물'이라 부릅니다. 물론 개화가 낮의 길이에 별 영향을 받지 않는 식물도 있습니다. '중일 식물'이라 부릅니다. 식물도 이렇게 시간을 읽습니다.

날마다 걷는 산책로가 있습니다. 30년 넘게 걷고 있는 길입니다. 지루한지 모르겠습니다. 살아 있는 것에 같은 순간은 없습니다. 어제와 오늘이 다르고, 오늘과 내일이 다를 것이기 때문입니다. 봄이면 어제까지는 없던 소리가 새롭게 들리는 날이 생깁니다. 여름 철새가 온 것이지요.

그 중 대표적인 새가 되지빠귀입니다. 소리가 참으로 맑고 밝으며 단정합니다. 내가 사는 곳의 경우 4월 5일에 옵니다. 하루 늦기도 하고 하루 당겨질 때도 있습니다. 그래도 이 정도면 완벽하지 않나요? 최첨단 장비를 갖춘 항공기도 안개나 바람과 같은 기상 조건에 따라 뜨느니 마느니 하는데, 이 작은 새가 작은 몸 하나로 태평양을 오가

는 데 하루의 차이가 생길 뿐이잖아요. 소름이 다 돋습니다.

한 달 뒤, 5월 5일이 되면 파랑새가 올 거예요. 역시 하루 정도의 차이는 생길 수 있고요. 겨울 철새도 다르지 않습니다. 저들은 시간을 읽을 줄 알아요. 그것도 거의 편차 없이요. 시계를 차고 다니는 것도 아니면서 말이지요. 아닙니다. 시계가 있어요. 기계가 아닌 살아 있는 생명만이 지니는 생체 시계요.

나무가 시간과 소통하는 모습도 특별해요. 봄볕 따스한 날입니다. 봄날의 나무가 늠름해 보이는 까닭은 추운 겨울을 넘어섰기 때문일 것입니다. 오랜 시간 몸부림쳤으니 이제 조금 쉬어도 좋으련만 나무는 새 잎을 낼 마음에 이미 바쁩니다. 볕은 좋으니 잎을 내려면 물이 필요합니다. 나무에 가만히 귀를 대어보면 '쪼르르쪼르르' 물 흐르는 소리가 들리는 듯하지요. 실제로 들릴 때도 있고요. 물은 위에서 아래로 흐릅니다. 우물의 물이 스스로 올라오지 못하지요. 거스르는 것이 불가능한 것은 아니나 그러려면 힘이 듭니다. 두레박을 내려 끌어 올려야 하니까요. 중력에 역행하는 대가입니다.

나무의 형편도 다르지 않아요. 물은 저 아래 흙 속에 있어요. 줄기 끝까지 잎을 내려면 그 꼭대기까지 물을 길어 올려야 합니다. 나무 전체가 힘을 모아 해결합니다. 우선 뿌리는 물을 위쪽으로 밀어 줍니다. 나무에 있는 모든 구멍은 오히려 물을 내보내며 땅속의 물을 끌어 당기고요.

하지만 이 둘의 힘으로는 벅찹니다. 물이 올라가는 길의 꼴 또한 중요합니다. 길이 넓으면 물이 쉽게 올라갈 것 같으나 반대입니다. 물만 간신히 움직일 정도로 길이 좁아야 물이 제 무게에 눌리지 않고 위로 올라갈 수 있습니다. 물 자체도 돕습니다. 물은 서로 붙으려 하거든요. 그러니 뿌리에서 줄기 끝까지 아주 가느다란 물기둥이 수없이 서 있는 셈이 됩니다. 이제 뿌리가 위로 밀어 주고, 위에서 조금씩 끌어 당기기만 한다면 물은 서로 손을 붙들고 있기에 어디라도 너끈히 올라갈 수 있습니다. 봄날의 나무는 그렇게 소통하며 살아갑니다.

여름날의 나무는 줄기나 가지가 잘 보이지 않을 정도로 잎이 무성합니다. 나무는 봄에 싹 틔울 잎을 미리 준비한답니다. 낙엽이 진 목련이나 동백나무를 살펴보면 봉오리처럼 생긴 겨울눈을 만날 수 있습니다. 추운 겨울을 지내는 동안 목련은 솜털이 잔뜩 달린 껍질로 겨울눈을 보호합니다. 마르거나 얼지 않게 하기 위해서지요. 동백나무는 여러 개의 단단한 비늘이 겨울눈을 감싸 지킵니다. 겨울눈이라 불려 겨울에 만들어질 것 같지만 잎이 떨어지기도 전인 여름에 만들어져요. 더 일찍 만들어지기도 하고요. 겨울눈 속에는 온전히 다 큰 잎의 축소판이 자리 잡고 있어요. 나무는 내년 봄 준비를 초여름이나 그 전부터 하는 셈이지요. 나무는 그렇게 미리미리 시간을 다 읽으며 살아갑니다.

가을날, 잎이 나무를 떠나 떨어지는 까닭은 바람이 불어서가 아니에요. 바람은 나무에서 잎을 떼어놓지 못합니다. 아무리 모질고 거친 바람이 몰아쳐도 나무와 함께 있을 이유가 있다면 설령 찢어질지언정 잎은 나무와 잡은 손을 놓지 않아요. 잎은 바람이 불어서가 아니라 때가 찼기에 떨어질 뿐입니다. 아직 때가 아니라면 나무 또한 바람에 가지가 부러지는 일이 있더라도 잎만 버리지 않아요. 가을날의 나무는 그렇게 대화하고 서로 떠받들며 살아갑니다.

겨울날의 나무는 어떻게 시간과 대화할까요? 식물과 동물은 살아가는 모습이 다릅니다. 동물은 움직이는 길을, 식물은 움직이지 않는 길을 선택했으니까요. 움직일 수 있다는 것은 무엇을 피할 수 있다는 뜻입니다. 그러니 움직일 수 없다는 것은 무엇을 피할 수 없다는 뜻이 됩니다.

바람이 차갑습니다. 겨울은 모든 생명에게 시련의 시간이지요. 동물은 추위를 덜어 줄 따듯한 공간을 찾아 움직입니다. 털도 더 따듯한 것으로 바꾸며 겹겹이 껴입습니다. 나무는 정해진 자리에 그대로 서서 모든 환경의 변화를 온몸으로 마주합니다. 마주한다는 것은 따르고 맡기며, 넘어서고 이겨 내는 걸 의미합니다. 나무는 가장 추운 겨울을 가장 헐벗은 맨몸으로 마주합니다. 거친 바람과 눈보라로 부러지고, 끊어지고, 찢어지며 버릴 것을 모두 버리면서 자기만의 모습을 만들어 갑니다. 그렇게 버틸 수 있는 바탕이 있습니다. 봄이라는 약속 때문입니다. 꼭 온다는 약속. 그리고 봄이라는 시간은 한 번도 그 약속을 어긴 적이 없습니다. 나무의 시간 소통법입니다.

　밤이어도 가을 하늘은 빛납니다. 10월 20일. 밤 11시. 정확합니다. 소리가 들리기 시작합니다. 시베리아 벌판에서 살던 흑두루미가 약 2,500킬로미터를 날아 우리나라에 와서 내 머리 위를 막 지나고 있습니다. 겨울을 지낼 곳으로 향하는 가장 큰 첫 무리일 것입니다. 오랜 시간 어김이 없습니다. 이 밤, 나는 나의 시간을 어떻게 읽고 살아 가는지 돌아보지 않을 수 없습니다.

4.

살아 있는 것은
저마다 나름의 방식으로
그 존재를 표현한다

살아 있는 것은 저마다 나름의 생김새로 그 존재를 표현합니다. 무척추동물 중 그래도 비교적 쉽게 만날 수 있는 동물이 곤충이지요. 곤충은 몸이 머리, 가슴, 배 세 부분으로 나뉘고 3쌍의 다리와 2쌍의 날개를 지닌 동물입니다. 그것이 곤충의 생김새, 꼴, 모양, 모습입니다. 나비와 잠자리를 떠올려 보세요. 둘 다 머리, 가슴, 배 세 부분으로 이루어져 있습니다. 날개는 2쌍이며 다리는 3쌍입니다. 틀림없이 둘 다 곤충입니다. 하지만 서로 완전히 다른 모습입니다. 다른 종인 것입니다.

곤충은 전체 동물의 약 3/4을 차지할 만큼 종류가 가장 다양합니다. 지금까지 기록된 것만 해도 약 100만 종이 넘습니다. 단순히 세 부분으로 이루어진 몸에 다리가 6개, 날개가 4개인 구조인데도 서로 다른 생김새가 100만 종류가 있다는 뜻이에요. 생김새에 영향을 미치는 변수가 몇 가지 되지 않는 데도 불구하고 무한대에 가까운 다양한 결과가 나온 것입니다. 살아 있는 생명의 세계에서나 가능한 일이에요.

다리 위에서 물을 내려다볼 때가 많습니다. 평화롭게 헤엄치는 물고기를 보는 것이 즐거워서 그래요. 어류는 물에서 살고 지느러미가 있으며 아가미로 호흡하는 척추동물입니다. 어류의 몸은 머리·동체·꼬리, 그리고 지느러미로 이루어져 있습니다. 어류가 추진력을 얻고 몸의 균형을 잡는 데 필요한 지느러미는 홀지느러미와 쌍지느러미로 나뉩니다. 등지느러미, 꼬리지느러미, 뒷지느러미는 지느러미가 하나로 홀지느러미입니다. 가슴지느러미와 배지느러미는 몸 양쪽에 붙어 있어서 쌍지느러미고요.

그리 복잡하지 않은 구조임에도 지구상에는 약 2만 9천 종의 어류가 있어요. 척추동물 중에서 가장 큰 분류군이지요. 어류만 해도 2만 9천 종류의 꼴이 있다는 뜻이지요. 하지만 이 정도는 아무것도 아니에요. 더 놀라운 사실은 같은 종의 물고기라도 섬세하게 보면 생김새가 모두 다르다는 거예요. 물고기는 세계 전체에 있는 물고기의 수만큼이나 다양한 꼴로 존재합니다.

나무를 무척 좋아합니다. 멋지기도 하고 고맙기도 해서요. 나무는 생존에 필요한 에너지를 태양으로부터 얻습니다. 그래서 나무의 구조는 기본적으로 잎 하나하나가 가능한 많은 빛을 흡수하도록 설계되어 있지요. 줄기는 하늘을 향해 높게 자라고 가지는 옆으로 넓게 뻗어요. 위와 옆, 둘 다 누리면 좋겠지만 그럴 수 없다면 둘 중 하나를 선택하거나 둘 중 어느 지점에서 타협해야 하지요. 그래서 나무는 주변 여건에 따라 줄기와 가지가 뻗은 모양이 특별한 모습으로 굳어져요. 나름의 꼴이 되는 것이지요.

나무 전문가는 멀리 떨어져 있는 나무라도 줄기와 가지가 뻗은 모습, 수형으로 수종을 구분할 수 있습니다. 수형을 결정하는 데에는 유전적 요인이 크게 작용하지만 환경 요인도 중요해요. 같은 종이라도 무리지어 빽빽이 서 있는 나무와 따로 떨어져 홀로 서 있는 나무의 형태는 많이 다르거든요. 허허벌판에 홀로 선 나무는 이웃 나무와 빛을 두고 경쟁할 필요가 없어요. 따라서 위로 높게 자라기보다는 옆으로 가지를 많이 뻗는 둥근 모양의 수형을 만드는 경우가 많아요. 나무가 곁에 많을 때는 우선 위쪽 공간을 확보하기 위해 경쟁할 수밖에 없어요. 나무도 수형이라는 나름의 꼴을 통해 어떻게 살아 왔는지를 있는 그대로 표현하는 것이지요.

살아 있는 것은 저마다 나름의 색깔로 그 존재를 표현합니다. 살아 있는 것은 가만히 있지 않고 커요. 그리고 커 가며 본연의 색깔을 완성하지요. 어린 곤충이 어른 곤충이 되고, 어린 물고기가 어른 물고기가 되고, 어린 개구리가 어른 개구리가 되고, 어린 남생이가 어른 남생이가 되고, 어린 참새가 어른 참새가 되고, 어린 호랑이가 어른 호랑이가 되면서 색이 다양해지며 색감도 짙어지고 깊어져요. 그러다 죽으면 누렸던 모든 빛깔을 잃고요.

살아 있는 것은 저마다 색깔이 있어요. 그리고 아름다움의 중심에도 색깔이 있고요. 잠자리를 떠올려 보세요. 생김새는 거의 비슷한데 빨간색이냐 갈색이냐에 따라 고추잠자리가 되고 된장잠자리가 됩니다. 색깔이에요. 존재를 표현하는 중심에 생김새와 더불어 색깔이 있어요.

각시붕어는 4센티미터 남짓의 크기에 몸이 납작한 민물고기예요. 흐름이 느린 하천 가장자리의 수초가 무성한 진흙 바닥을 좋아해요. 일반적으로 물고기는 바위 밑바닥에 알아 낳아 붙여 놓거나, 돌과 돌 사이 틈에 낳거나, 물풀에 알을 낳아 붙여요. 몸이 해지도록 모래나 자갈 바닥을 파내고 알을 낳은 뒤 덮기도 하고요. 각시붕어는 아주 특별한 곳에 알을 낳는 것으로 이름이 알려진 물고기예요. 살아 있는 말조개 몸속에 알을 낳지요.

산란 습성이 특별할 뿐만 아니라 모습도 각별해요. 한때 각시붕어의 아름다움에 빠져 키운 적이 있어요. 정말 예뻐요. 더군다나 혼인색을 띠는 봄날이면 그 아름다움은 말로 표현하기 어려울 정도지요. 어항에서 노니는 각시붕어를 본 동네 분들은 각시붕어를 우리나라 고유종으로 여기지 않으시고 열대 지역의 산호초 사이를 오갔던 외래종으로 착각하고는 했어요. 각시붕어뿐만 아니라 봄날 물고기의 혼인색은 저마다 곱고 화려하기 그지없어요. "다른 데 보지 말고 나 좀 봐주세요~." 하는 표현입니다.

식물은 꽃으로 자신이 살아 있다는 것을, 또한 어디에 서 있는지를 드러냅니다. 꽃은 꽃마다 아름답지요. 그 중심에는 여전히 색깔이 있고요. 하지만 꽃의 색깔은 인간의 눈이 아니라 수분을 해 주는 동물의 눈에 잘 띌 수 있는 쪽으로 진화해 왔어요. 사람의 눈과 곤충의 눈은 감각할 수 있는 빛의 파장이 달라요.

인간이 볼 수 있는 빛의 영역을 가시광선이라고 합니다. 파장으로 말하면 $800nm$ ~ $300nm$지요. 색으로 표현하면 '빨주노초파남보'입니다. 빨간색보다 더 긴 파장의 빛은 적외선이라 하고, 보라색보다 더 짧은 파장의 빛은 자외선이라 불러요. 곤충은 자외선 영역을 잘 봐요. 우리가 보는 색깔을 벌은 잘 보지 못하고, 벌이 보는 색깔을 우리는 잘 보지 못하는 셈이지요. 같은 꽃이라도 보이는 모습이 서로 다르다는 뜻이에요.

수분을 돕는 동물은 온대 지방에서는 주로 곤충, 열대나 아열대 지방에서는 곤충과 새입니다. 인간의 눈을 기준으로 할 때 노란색은 벌이, 빨간색은 새가 가장 잘 볼 수 있는 색깔이고요. 벌이 수분을 돕는 식물은 주로 노란색과 파란색, 또는 노란색과 보라색이 배합된 꽃이 많아요. 또한 꽃잎의 색깔은 빨간색, 보라색, 흰색이어도 꽃의 중심부는 노란색인 경우가 많고요. 꽃이 노란색인데 꽃술마저 노란색인 경우도 흔합니다. 그래야 벌이 꽃을 잘 알아볼 수 있거든요. 자신을 잘 드러내야, 자신을 잘 표현해야 꽃도 좋은 열매를 맺어요.

좋은 열매란 무엇인가요? 열매도 그래요. 잘 맺었다 하여 끝이 아니에요. 하나가 더 남아 있어요. 자연에 깃든 생명체의 생물학적 존재 이유는 번식입니다. 번식에 성공하기 위해 생명체들이 짜내는 묘

책은 상상을 초월하지요. 그중에서도 공간 이동을 할 수 없는 식물이 어떻게든 씨를 퍼뜨리려는 모습을 보고 있노라면 숙연함까지 느껴져요. 식물이 씨를 만들고 바로 아래에 떨어뜨리면 그 씨는 싹을 틔우지 못해요. 발아와 생장에 꼭 필요한 물, 햇빛, 그리고 영양분을 어미 식물에 빼앗기거든요. 그러면 씨의 상태를 벗어나 온전한 식물로 거듭날 수 없습니다. 따라서 식물은 씨나 열매를 멀리 보내려 해요. 묘책 중 하나가 움직일 수 있는 동물에 먹혀 멀리 이동하는 것이에요. 식물이 가장 많이 사용하는 방법이지요. 그런데 때가 중요해요. 씨앗이 잘 익었을 때 동물에게 먹혀야 하는 것이지요.

이 지점에서 색깔이 중요한 역할을 합니다. 덜 익은 열매는 식물의 잎 색깔과 비슷한 푸른색이어서 새와 포유류의 눈에 잘 띄지 않아요. 하나 더 거드는 것이 있습니다. 덜 익은 열매는 떫거나, 쓰거나, 신맛이 나며 단단해요. 동물들이 건드리지 않게 하는 것이지요. 그러다 열매와 그 안의 씨가 먹힐 준비를 마치면 변신합니다. 색깔이 붉은색으로 변하고 육질이 부드러워지며 달콤해지는 것이지요. 이제는 동물이 자신을 먹어 주기를 바라는 신호를 보내는 거예요. 색깔이 중요해요.

살아 있는 것은 저마다 나름의 소리로 그 존재를 표현합니다. 엄청 복잡한 길의 건널목에서 신호가 바뀌기를 기다리고 있을 때였어요. 등 뒤로 제법 떨어진 거리에서 내 이름을 부르는 이가 있었어요. 먼발치서 그저 내 뒷모습을 보고도 나인 줄 알아차린 오랜 친구의 목소리였습니다. 신기했어요. 또한 온갖 다양한 소리 속에서도 그것이 누구의 목소리인지 알 수 있었던 것도 똑같이 신기한 일이었어요.

봄입니다. 어제 걸었던 길을 오늘 다시 걷고 있어요. 내일도 걸을 거예요. 들녘에서 시작하여 산을 지나 다시 들녘으로 이어지는 길입니다. 날마다 똑같은 길을 걷지만 똑같은 날은 없었어요. 무엇이라도 다르기 때문이지요. 소리가 달라요.

이른 봄, 어제까지는 없던 소리가 들리는 날이 있어요. '탁, 타닥, 타닥, 타다닥, 타닥, 타다다닥' 딱따구리가 나무를 쪼는 소리예요. '페킹'이라고 해요. 소리가 이곳저곳 나무를 움직이며 들리면 나무 속에 숨은 먹이를 찾는 소리지요. 소리가 같은 곳에서 계속 들리면 새끼를 키울 둥지를 짓는 소리고요. 이어서 더 특별한 소리가 들려요. '드르르르르르르르르륵, 드르르르르르르르르륵' 나무를 쫀다기보다는 연속적으로 두드리는 소리지요. 드럼을 치는 소리와 같다고 하여 '드러밍'이라 불러요. 드러밍은 힘을 과시하거나 영역을 표시하는 소리지요. 숲 여기저기서 딱따구리가 나무를 쪼거나 두드리는 소리가 들린다는 것은 이제 텃새들의 번식이 시작되었다는 뜻이기도 해요.

새가 내는 소리를 울음소리라고 부를 때가 많습니다. 심지어 아주

맑게 노래를 부를 때마저 운다고 말하기도 하고요. 새가 내는 소리
니 새소리라고 부르려 합니다. 학술적으로는 새들이 내는 소리 중
가락이 있는 아름다운 소리는 '쏭', 그 밖의 소리는 '콜'이라 불러요.
콜은 다시 몇 가지로 나뉩니다. 새끼들이 배고플 때 어미를 부르는
소리는 '베깅 콜', 천적의 접근을 비롯한 긴급 상황을 알리는 경계음
은 '알람 콜'이라고 해요. 봄이면 수컷들은 암컷의 마음을 사로잡기
위해 아름다운 가락이 있는 쏭, 그야말로 노래를 부르지요. 그 소리
가 크고 맑으며 내용이 알차고 다양할수록 암컷의 선택을 받을 확률
이 높습니다.

살아 있는 것은 저마다 나름의 냄새로 그 존재를 표현합니다. 냄
새의 실체는 휘발성 화학 물질입니다. 동물, 식물, 미생물 모두 냄새
가 있습니다. 지니고 있거나 상황과 형편에 따라 만들어 내기도 해
요. 좋은 냄새가 있는가 하면 나쁜 냄새도 있습니다. 향기와 악취로
구별합니다. 살아 있는 것이 자신의 존재를 표현함에 있어 냄새는
생김새, 소리, 색깔 못잖은 의미가 있습니다. 그리고 냄새는 같은 종
또는 서로 다른 종 사이에서의 소통에 의미 있게 활용되기도 하고
요. 향기는 다른 누구를 가까이 오게 할 때, 악취는 다른 누구를 멀
리 밀어낼 때 주로 쓰입니다.

고양잇과 동물들은 머리를 대고 비비는 행동을 자주 합니다. 냄새
를 섞어 같은 냄새를 만드는 행동이지요. 우리 편과 다른 편을 구별

하는 바탕이 됩니다. 또 제 짝과 새끼를 찾고 알아보는 데 고유한 냄새가 중요한 역할을 합니다. 코끼리는 눈과 귀 사이에 있는 분비선에서, 사슴은 눈 밑과 발굽에, 캥거루는 가슴 부위의 분비선에서 나는 냄새로 가족을 알아보고, 짝도 찾습니다. 개과를 비롯한 많은 동물이 오줌 냄새로 영역을 표시합니다. 불필요한 싸움을 피할 수 있습니다.

무리 생활을 하면서 냄새로 자신의 정체성을 드러내고 소통하는 대표적인 동물이 바로 곤충입니다. 개미는 서로 더듬이를 맞대며 냄새를 전달해 의사소통을 하고 자신이 지나온 길에 냄새를 남겨 길을 잃지 않는 것으로 유명합니다. 또한 개미와 벌 종류는 천적의 공격을 받았을 때 냄새를 이용해 무리 지어 방어를 합니다.

산누에나방 암컷은 수컷을 맞이하기 위해 특별한 냄새를 내고, 수컷은 깃털 모양의 커다란 더듬이로 아주 멀리서도 냄새를 맡고 날아옵니다. 옥색긴꼬리산누에나방 수컷의 경우 무려 수 킬로미터 밖에서도 암컷의 냄새를 맡을 수 있다고 합니다. 많이 모여들면 모여들수록 건강한 배우자를 만날 가능성이 높습니다. 이처럼 생명체가 분비 또는 발산하는 화학 물질 중 같은 종 또는 이웃한 종의 사회적 반응을 일으키는 인자를 '페로몬'이라 부릅니다.

최근 10년 즈음은 초등학생들과 함께 자연 관찰을 하며 많은 시간을 보내고 있습니다. 그중 겨울에 하는 일정이 있습니다. 흔적으로 만나는 동물의 세계입니다. 자연에서 태어나 살아가는 노루, 고라니, 산양, 담비, 멧돼지, 멧토끼, 오소리, 너구리, 삵, 수달과 같은 포유류를 직접 만나는 것이 쉬운 일은 아닙니다. 저들이 지나다닐 만한 곳에서 완벽하게 위장하고 기다리면 되지만 현실적으로 불가능에 가깝습니다.

하지만 간접적 만남은 그리 어렵지 않습니다. 저들이 남겨준 다양한 흔적으로 대신 만나는 것이니까요. 발자국과 배설물이 대표적입니다. 발자국의 경우 개과, 고양이과, 족제비과, 사슴과의 몇 가지 차이점만 알면 쉽게 구분할 수 있습니다.

동물은 무엇을 먹어야 삽니다. 살아야 먹고, 먹으면 나오는 것이 배설물이지요. 따라서 배설물은 살아 있음의 또 다른 표현이기도 합니다. 초식 동물과 육식 동물의 배설물은 모양이 다르고 냄새도 다릅니다. 초식 동물의 배설물 냄새는 그리 고약하지 않습니다. 육식 동물의 배설물에서는 맡기 어려운 냄새가 나고요. 어쩔 수 없습니다. 고기가 썩는 냄새와 풀이 썩는 냄새는 다르니까요. 거짓이 있을 수 없습니다. 이처럼 살아 있는 것은 냄새로도 삶의 모습을 고스란히 드러냅니다.

식물 또한 저마다 냄새가 있습니다. 식물의 냄새는 꽃의 향기를 비롯하여 대체로 향기롭지요. 물론 나쁜 냄새를 내는 식물도 있습니다. 문제없습니다. 사는 길을 택하다 보니 그리 되었을 뿐이니까요.

어릴 때, 할아버지께서 소에게 줄 풀을 베는 길에 같이 나설 때가 많았습니다. 이른 아침, 이슬 매달린 풀을 낫으로 베면 아주 특별한 풀 냄새가 났어요. 향기롭다고 하기는 어려워도 그렇다고 나쁜 냄새까지는 아니었습니다. 이웃 풀에게 위험을 알려 나름의 준비를 하게 하는 냄새였다는 것은 나중에 알았습니다. 사람이 예초기로 한순간에 풀을 싹 베어 버리면 이웃에게 위험을 알려도 의미가 없겠지요. 하지만 자연 상태에서 어떤 곤충이나 초식 동물이 자기 잎을 조금씩 갉아 먹기 시작한다면 이웃에 알려 무엇이라도 준비시킬 시간은 충분할 것입니다.

식물은 상처를 입으면 독특한 냄새를 내요. 그 냄새로 이웃 식물은 탄닌 성분의 합성을 증가시키고요. 초식 동물의 입맛에 덜 맞게 하는 것입니다. 또한, 진딧물은 식물의 수액을 빨아 먹고 사는데, 진딧물의 공격을 받은 식물은 진딧물의 천적인 기생벌을 유인하는 휘발성 유기 물질을 방출해요. 냄새 또한 자기표현의 분명한 방법인 것이지요.

살아 있는 것은 어떻게든 자기의 존재를 표현합니다. 생김새로든, 꼴로든, 모양으로든, 소리로든, 색깔로든, 냄새로든, 삶의 모습으로든, 몸짓으로든, 감정으로든… 그래요. 드러내야 살고, 드러나야 살아요. 아니면 반대로 가는 길도 있어요. 잘 드러나지 않게 하는 방법이지요. 대신 드러나지 않는 정도가 아니라 완전하게 숨어야 해요.

그렇다면 그 또한 확실한 표현이지요. 살아 있는 것 중 위장술이 뛰어난 친구들도 많잖아요.

아기는 배가 고프거나 어딘가 불편하면 가만히 참고 있지 않아요. 칭얼대거나 우는 것으로 표현하지요. 스스로 자기 몸을 지킬 힘이 없는 동물의 새끼들은 귀여운 모습, 귀여운 짓, 귀여운 소리로 보호 본능을 유발해요. 새는 기본적으로 아름다운 색깔을 몸에 두르고 있으면서도 번식기가 되면 더 화려한 번식깃으로 단장을 하는 경우가 많아요. 더 잘 드러나기 위해, 더 잘 드러내기 위해 잎보다 꽃이 먼저 피는 나무가 많아요. 작은 꽃들은 서로 모여서라도 아주 큰 다발로 보이려 하고요.

물론 반대의 경우도 가능해요. 아주 흉측하거나 모두 싫어하는 것을 닮는 방법이지요. 애벌레와 성충 중에서는 새의 똥처럼 생긴 것이 많아요. 양서류 중에도 꼭 배설물로 보이는 친구들이 많고요. 다 살려고 그러는 것입니다. 살려고. 살려고. 살아 있는 것보다 더 소중한 것이 없어서요.

5.

살아 있는 것은
더없이 섬세하고
체계적이다

초등학교 시절, 방학만 되면 시골 외가에 가서 생활했습니다. 내게 그런 시간이 있었다는 것에 늘 고마워하고 있습니다. 날마다 신나게 놀았습니다. 시골에서는 무엇을 잡는 것이 노는 일의 대부분이었지요. 메뚜기, 잠자리, 매미, 물고기….

메뚜기, 잠자리, 매미, 물고기라고 뭉뚱그려 말했지만 정말로 제각각 다양했어요. 메뚜기는 메뚜기대로, 잠자리는 잠자리대로, 매미는 매미대로, 물고기는 물고기대로 나름의 질서를 지닌 채 서로 달랐습니다. 메뚜기, 잠자리, 매미 모두 곤충이지요. 몸이 머리, 가슴, 배의 세 부분이고 다리는 세 쌍 6개, 날개는 두 쌍 4개로 이루어져 있다는 것이 곤충 공통의 질서입니다.

질서는 단조로움과 단순함에서 비롯하기도 합니다. 대체로 그런 질서는 건강하지 않을 때가 많습니다. 하지만 살아 있는 것들의 질서는, 더군다나 그 질서들의 조합은 끝이 없습니다. 그래서 다양하고 건강합니다. 특히 각각의 생김새와 색깔의 섬세함은 압권이었습니다. 그 섬세함의 차이가 바로 벼메뚜기, 섬서구메뚜기, 방아깨비, 풀무치, 여치의 차이였고, 붕어, 피라미, 미꾸라지, 메기, 가물치의 차이였던 것입니다.

식물이라 하여 다르지 않았습니다. 그래요. 다를 리 없지요. 식물은 살아 있는 것이 아니던가요. 외가 주변은 온통 논과 밭이며, 길도 모두 흙길이었기 때문에 집 밖은 식물 천지였습니다. 가까이서 자세히 볼 수 있는 기회가 많았다는 뜻입니다. 기회가 많았다 하여 꼭 다가서는 것은 아닙니다. 기회는 기회일 뿐이기도 하니까요. 그런 면에서도 다행입니다. 내 마음 또한 저들에게 있었으니 말이지요.

식물은 종류에 따라 잎의 생김새가 다르고, 잎맥이 다르고, 테두리의 모습도 다르고, 색깔도 조금씩 달랐습니다. 꽃은 말할 것도 없지요. 그 당시는 몰랐습니다. 내가 살아 있는 것의 섬세함에 완전히 빠져 있다는 것을 말이지요. 그러면서 콩과 참깨는 서로 무엇이 같고 무엇이 다른지 알게 되었습니다. 이런 과정을 분류 내지는 같은 것을 정한다 하여 '동정'이라 부릅니다. 쉬운 것부터 하나씩, 한걸음씩 나아가면 됐습니다.

콩과 참깨를 확실히 구분하게 되자 비슷비슷한 참깨와 들깨는 또 무엇이 같고 무엇이 다른지도 알게 되었습니다. 시작이 힘들 뿐 시작만 하면 나아가는 힘은 저절로 생길 때가 많습니다. 이내 옥수수, 조, 수수는 서로 무엇이 어떻게 다르고 쌀과 보리는 무엇이 어떻게 다른지 자연스럽게 알게 되었습니다. 그렇게 살아 있는 것들이 스스로 자아내는 섬세함의 세계에 아주 천천히 들어섰습니다. 식물에게 말을 걸어 보고, 귀도 기울여 보면서 말이지요.

대학에 가서는 생물학을 공부하며 살아 있는 것의 섬세한 세계에 더 빠져들게 됩니다. 눈으로는 볼 수 없는 세상에 들어선 것이지요. 황홀했습니다. 살아 있는 것의 세계는 보이는 것이 전부가 아니었던 것이지요.

대학에 가서 "아, 진짜 내가 대학교를 다니고 있으며, 생물학을 공부하고 있구나!"하는 것을 느낀 것은 실험 실습 시간이었습니다. 잊을 수 없는 첫 시간의 주제는 세포 관찰이었습니다. 양파의 표피 세포와 입속 점막 세포를 표본으로 식물 세포와 동물 세포는 무엇이 같고 무엇이 다른지를 알아보는 실험이었습니다. 그때 처음으로 현미경을 통해 세포를 만났습니다. 눈에 보이지 않는 세상을 본 것이지요. 다른 이의 말을 전해 듣는 것과 내가 직접 체험하는 것의 차이는 어마어마했습니다.

식물 세포는 벽돌이 죽 붙어 있는 단순한 모습이었지만 그래도 놀라기에 충분할 만큼 섬세했습니다. '아무렇게나'가 아니라 분명 체계가 있었습니다. 그렇다고 다 같은 것도 아니었습니다. 세포 분열의 시기가 다 달랐습니다. 어떤 세포는 분열의 전기에, 옆의 세포는 중기에, 그 옆 세포는 후기에, 또 그 옆 세포는 말기에……

두 번째는 원생동물 관찰 시간이었습니다. 살아 있다는 것이 무엇인지 나름 사유하기 시작한 것은 분명 그때부터였습니다. 충격이었고 감동이었습니다. 충격인 것은 아주 작은 단세포 생명체들이 바글

바글하고 있었다는 것이었고, 감동이었던 것은 정신없이 움직인다는 것이었습니다. 움직이는 것이 뭐 그리 대단하냐고요? 앞으로 나아갈 때, 뒤로 물러설 때, 방향을 바꿀 때 그 움직임의 바탕이 되는 섬모 하나하나의 섬세한 움직임은 환상적이었고, 기다란 편모의 정교한 움직임도 예술이었습니다.

한 마디로 대충이라는 것이 없는 세계였습니다. 하지만 자유로움도 있는 세계였습니다. 게다가 질서까지 있는 세계였습니다. 물벼룩은 육안으로도 톡톡 튀듯 움직이는 뭔가 있다는 정도는 인지할 수 있습니다. 그런데 현미경을 통해 본 모습은 완전히 다른 세계였습니다. 그냥 얼어붙어 버리고 말았습니다. 그렇습니다. 역시 정교함과 섬세함이 주는 충격이었습니다. 심장 같은 구조가 쿵쿵 뛰며 움직이고 있었는데 사실 내 심장은 그보다 더 크게 뛰고 있었습니다.

고맙게도 가슴 뛰는 것을 넘어서서 한걸음 더 나아가게 됩니다. 지금까지 그저 덤덤하게 여기던 어마어마한 사실을 새롭게 받아들이게 된 것이지요. 나는 100조 개의 세포로 이루어져 있다는 사실이었습니다. 100조 개의 세포가 한순간에 뚝딱 만들어진 것이 아니지요. 한순간에 만들어질 수 없습니다. 시작은 수정란, 하나의 세포부터였습니다. 정직하게 때가 되면 일어나는 세포 분열을 통해 하나가 둘이 되고, 둘이 넷, 넷이 여덟… 그 과정에서 단 한 번의 건너뜀도 있을 수 없습니다. 이렇게 정직하게 이룬 100조가 나고, 이웃의 모든 살아 있는 것들도 다르지 않다는 생각까지 미치게 된 것입니다.

물론 숫자만이 중요한 것은 아닙니다. 소통하느냐가 중요합니다. 소통해야 여럿의 의미가 있기 때문이지요. 세균은 단세포입니다. 하나의 세포로 이루어져 있다는 뜻이지요. 막대기 모양이 있고, 공 모양이 있으며, 나선 모양이 있습니다. 공 모양의 세균을 구균이라 부릅니다. 구균 중 포도 모양을 이루는 것이 있어 포도상 구균, 사슬 모양을 길게 늘어선 것이 있어 연쇄상 구균이라 부릅니다. 여러 개의 세포로 이루어져 있는 포도상 구균과 연쇄상 구균은 다세포 생명일까요? 단세포로 봅니다. 이웃한 세포 사이에 소통이 없기 때문이지요. 이웃이 다치거나 잘려져 나가도 아파하지 않는 것입니다.

우리 몸은 어떤가요? 100조 개의 세포 어디가 찔리든 똑같이 아픕니다. 100조 개의 세포가 모두 소통하고 있다는 뜻입니다. 세포 사이의 소통 여부는 궁극적으로 섬세함의 차이로 표현됩니다. 세포는 소통하며 조직, 기관으로 분화합니다. 이렇게 해서 개체가 탄생하는데 동물이든 식물이든 미생물이든 개체는 섬세함의 극한적 표현입니다.

살아 있는 모든 것이 그렇지만 특히 인체는 살아 있는 것의 완성체라 할 수 있습니다. 참으로 섬세하기 이를 데 없지요. 섬세함이 자아내는 선명한 체계성까지 갖추고 있습니다. 겉도 그렇지만 속도 그렇습니다. 구조와 기능이 더할 나위 없이 아름답게 잘 맞아 돌아갑니다.

게다가 내구성도 엄청납니다. 주위를 둘러볼까요? 모든 것이 하루가 다르게 변합니다. 몇 해 전의 물건은 거의 골동품이 되어 버리고 맙니다. 카메라를 예로 들어 보겠습니다. 서른 초반까지는 필름 카메라 시대였습니다. 필름 한 통에 20장 남짓의 사진을 찍었습니다. 비싸기도 해서 셔터 한 번 누르려면 꽤 신중했습니다. 서른 중반으로 들어서며 디지털카메라 시대가 왔습니다. 메모리 카드 하나 넣으면 수천에서 수만 장의 사진을 찍을 수 있게 되었습니다.

물론 용량이 꽉 차면 비우고 다시 사용할 수도 있습니다. 이제는 미러리스 시대를 삽니다. 똑같은 시간 동안 TV는 엄청난 크기와 몸집의 진공관 TV에서 아주 얇은 공책 수준으로 변신 또 변신했습니다. 하지만 그 똑같은 시간 동안 우리는 같은 몸으로 살아 가고 있습니다. 100년은 거뜬히 특별히 무엇을 바꾸지 않고도 잘 돌아가는 것이 인체입니다. 다른 생명도 마찬가지고요. 1,000년 넘게 사는 동물도 있고 식물은 더 오래 삽니다. 살아 있는 것은 이미 섬세함의 극한 수준에 이른 것이라 할 수 있습니다.

섬세함의 바탕에는 체계적인 구성이 있습니다. 일정 구조와 기능을 공유하는 세포들은 모여서 더 큰 일을 수행하는 넓은 세상으로 나아갑니다. 조직이라고 합니다. 동물의 경우 상피 조직, 결합 조직, 근육 조직, 신경 조직이 있습니다. 몇 개의 조직은 모여 기관을 이루고, 몇 개의 기관이 모여 기관계를 이루어 하나의 개체가 됩니다. 저마다 더할 나위 없이 체계적이고 섬세합니다. 인체의 기관계는 소화계, 면역계, 순환계, 호흡계, 배설계, 신경계, 내분비계, 생식계, 피부계, 근육계, 골격계로 나뉩니다.

소화계를 예로 들어보겠습니다. 밥을 먹었다 치지요. 우리 몸에서 어떤 일이 일어나는 것일까요? 우선 입. 영아가 아니라면 이가 있어 씹습니다. 잘게 자르는 것으로 기계적 소화라고 합니다. 침이 나옵니다. 음식을 보는 것으로도, 맛난 냄새로도 침은 분비되기 시작합니다. 침샘은 귀밑, 혀밑, 턱밑 세 곳에 있습니다. 귀밑샘, 혀밑샘, 턱밑샘이라 부릅니다. 침의 가장 큰 역할은 윤활 작용입니다. 음식이 식도로 잘 넘어가게 해 주는 것이지요.

식도를 지난 음식은 위의 입구인 들문을 지나 위바닥에 잠시 모입니다. 위는 강산의 조건입니다. 음식이 녹습니다. 일종의 기계적 소화입니다. 위산은 살균 작용도 합니다. 음식이 입을 통해 바로 들어오면서 안전 검사를 받지 않은 것에 대한 보완책이기도 합니다. 위에서는 펩신이라는 효소에 의해 단백질의 분해가 일어납니다.

어느 정도 소화된 죽 상태의 음식은 날문을 통해 작은창자로 넘어갑니다. 작은창자는 샘창자, 빈창자, 돌창자로 구분합니다. 샘창자는 위의 날문에서 이어지는 작은창자의 맨 앞부분으로 샘이 많아 샘창자로 불립니다. 다양한 소화 효소가 분비되는 곳으로 실질적 소화와 흡수는 돌창자를 중심으로 하는 작은창자에서 거의 끝납니다. 큰창자는 음식물 찌꺼기에 있는 수분을 흡수하여 변을 되직하게 만드는 것이 주요 임무입니다. 우리가 하루 종일 화장실에 앉아 있을 수는 없기 때문이지요. 하루에 한 번 정도 변을 배출하기 위해 큰창자는 위로(오름잘록창자), 옆으로(가로잘록창자), s자로(구불잘록창자), 아래로(내림잘록창자) 구부구불 돕니다. 그러다 변은 곧게 뻗은 창자, 곧창자를 지나 항문으로 배출됩니다.

동물은 먹어야 삽니다. 과정 하나하나가 그야말로 아주 긴 서사지만 더 줄일 수 없이 가장 간단하게 말하면 이렇습니다. 중요한 것이 더 있습니다. 이 모든 것을 소화계가 혼자 수행하는 것이 아니라는 점입니다. 다른 기관계와 소통하며 섬세하게 조절합니다. 이들이 합하여 인체의 구조와 기능을 완성하는 과정과 기관계 사이에서의 소통과 통합 솜씨도 무척 섬세하고 체계적입니다. 그저 놀라울 뿐인 그것이 바로 나인 것입니다. 들녘의 풀도 나무도, 자연에 깃들인 생명 모두 정도의 차이만 있을 뿐 다르지 않고요.

자연 관찰 수업을 하는 초등학생 중 별명이 3초인 5학년 학생이 있었습니다. 별명 그대로입니다. 집중력 지속 시간이 3초가 한계인 학생입니다. 처음에는 정말 정신이 하나도 없었는데 조금씩 집중하더니 심지어 쉬는 시간에도 쉬지 않는 아이로 바뀌었습니다. 새로운 별명이 생겼습니다. 1시간. 살아 있는 것의 섬세함에 푹 빠져 버린 것입니다. 지칭개 한 개체 전부를 두 장의 스케치북을 이어 실제 크기로 표현한 3초, 아니 1시간의 작품에 눈물이 울컥했던 기억이 또렷합니다.

살아 있는 것은 흐릿하지 않고 또렷합니다. 살아 있는 것은 선명합니다. 살아 있는 것은 체계적이고 섬세합니다. 하지만 죽으면 그 또렷함도, 선명함도, 체계도, 섬세함도 무너집니다. 그러다 완전히 자연의 일부로 돌아가 다시 무엇의, 누구의 일부가 됩니다. 3초 어린이는 잎맥을 보며 새로운 세상을 만났을 것입니다. 살아 있는 것들의 섬세한 세상 말이지요.

6.

살아 있는 것의
대부분을 차지하는 것은
물이다

물을 참 좋아합니다. 민물이든 바닷물이든, 고인 물이든 흐르는 물이든, 어떤 모습이어도 똑같이 좋아합니다. 바라보는 것만으로도 마냥 좋습니다. 그렇게 타고난 것이겠지만 물에 대하여 조금씩 알게 되며 물의 매력에 더 빠져들게 된 것도 있습니다.

살아 있는 것의 대부분을 차지하는 것은 물입니다. 대체로 생명체의 70 ~ 80%를 차지합니다. 많게는 95% 정도를 차지하기도 합니다. 인간의 경우도 체중의 약 2/3가 물입니다. 생명체는 아득한 진화의 시간을 거치면서 자신의 몸을 가장 많이 채울 것으로 물을 선택한 것입니다. 살아 있는 것들에게 물만큼 소중한 것이 없다는 뜻이지요. 우주 탐사에서도 생명체 존재의 가장 중요한 근거로서 물을 들고 있으니까요. 앞으로 지구에서 살아 있는 모든 것이 사라지는 일이 생긴다면 그 원인은 아마도 물에 있을 것입니다. 그러니 살아 있다는 것의 소중함은 곧 물의 소중함이기도 합니다. 물에는 어떤 소중함, 장점이 있는 걸까요?

물질의 기본 단위는 원자며, 원자의 결합을 통해 분자가 만들어집니다. 물 분자의 화학식은 H_2O입니다. 산소 원자 하나에 수소 원자 두 개가 결합한 구조입니다. 산소와 수소는 공유 결합을 합니다. 안정한 구조를 이루는데 필요한 전자가 서로 부족하기 때문입니다. 산소는 전자 두 개가 부족하고 수소는 전자 하나가 부족합니다. 그래서 산소 한 원자가 수소 두 원자와 전자를 공유하는 결합을 합니다. 이 대목에서 형식은 공유지만 완전히 균등한 공유가 아니라는 점이 중요합니다. 공유한 전자를 끌어당기는 힘이 산소가 수소보다 큽니다. 따라서 공유 전자가 산소 쪽으로 살짝 기울게 됩니다. 전자는 음전하를 띱니다. 따라서 전기적으로 중립이었던 산소 원자는 자기 쪽으로 살짝 기운 수소의 전자 때문에 아주 약하더라도 음전하를 띠게 되고, 전기적으로 중립이었던 수소 원자는 양전하를 띠게 됩니다. 이런 걸 극성이라고 부릅니다.

물은 극성 분자입니다. 물의 극성 때문에 물 분자 사이에서 또 다른 결합이 생깁니다. 결과적으로 하나의 물 분자는 다른 네 물 분자와 결합하게 됩니다. 이렇게 물 분자와 물 분자 사이에서는 이루어지는 결합을 수소 결합이라고 합니다. 물의 특성은 대부분은 이 수소 결합에서 비롯합니다. 수소 결합은 아주 약한 결합이지만, 그게 있고 없는 차이는 어마어마합니다. 약하지만 모두 손잡고 있을 때의 힘은 상상을 초월하는 결과로 이어집니다.

물은 끓는점이 무척 높습니다. 끓는다는 것은 액체 상태의 물질이 기화하는 것으로 곧 물질을 이루는 분자들 사이의 결합이 끊어지는 것입니다. 따라서 분자들 사이에 작용하는 인력이 강할수록 끓는점은 높아집니다. 물은 분자량이 18인데 100℃에서 끓습니다. 에틸알코올(C_2H_5OH)은 분자량이 46으로 물의 세 배이지만 78℃에서 끓습니다. 물 분자는 약하지만 서로 손에 손을 잡는 수소 결합을 하고 있기 때문이지요.

또한, 물은 비열이 큽니다. 물질 1g의 온도를 1℃ 올리는데 필요한 열량을 비열이라고 합니다. 물의 비열은 1입니다. 알루미늄의 비열은 0.2 정도이고요. 알루미늄 그릇에 물을 넣고 가열한다고 치지요. 그릇은 금방 뜨거워져 잘못 만지면 손을 델 정도지만 물은 미지근합니다. 물의 비열이 크기 때문입니다. 비열이 크면 외부의 온도가 크게 변해도 자신의 온도는 잘 변하지 않습니다. 물은 외부 온도 변화에 쉽게 움직이지 않는 무척 안정적인 물질이라는 뜻입니다.

물은 극성 분자라고 했습니다. 극성 분자끼리는 섞입니다. 섞인다는 것은 녹는다는 뜻이기도 합니다. 물은 지구에 존재하는 다양한 물질을 녹일 수 있는 뛰어난 용매입니다. 세포는 모든 살아 있는 것의 구조적, 기능적 단위입니다. 현미경으로나 볼 수 있지요. 그런 세포에 10,000가지가 넘는 물질이 존재합니다. 세포의 구조를 갖추고 기능을 수행하기 위해서 그만큼의 물질이 필요하기 때문입니다. 하지만 이것이 어찌 가능할까요? 대부분 물에 녹기 때문에 가능한 일입니다. 만약 세포에 있는 물질이 물에 녹지 않는 것이었다면 세포가 담을 수 있는 물질의 숫자는 몇 되지 않았을 것입니다. 그럼에도 생명체가 되었다면 그 구조와 기능은 지극히 거칠지 않았을까 싶고요.

물은 표면 장력이 매우 큽니다. 물방울이 넓게 퍼지지 않고 둥근 모양이 되는 이유입니다. 역시 수소 결합 때문이지요. 표면 장력은 물이 높은 나무 꼭대기까지 올라가는 데 중요한 역할을 합니다. 물을 찾아 움직일 수 없는 식물이 물을 얻을 수 있는 길은 오직 하나, 뿌리를 통하는 길뿐입니다. 키가 100미터가 넘는 나무도 많습니다. 그런데 뿌리에서 흡수한 물이 어떻게 중력을 역행하여 그 높은 꼭대기까지 올라갈 수 있는 걸까요? 모터가 하기도 힘든 일을 식물은 어찌 해내는 것일까요? 몇 가지 힘이 모이면 가능합니다.

시작은 뿌리입니다. 세포의 농도는 대체로 바닷물의 농도와 비슷합니다. 소금 하나로 농도를 맞춘다면 약 0.9% 정도입니다. 뿌리털 세포 내부는 뿌리 주변의 물보다 농도가 높습니다. 자연계는 기본적으로 균형을 맞추려는 성질이 있습니다. 세포 밖은 농도가 낮고 세포 내부는 농도가 높은데 둘 사이의 균형을 맞추는 길은 두 가지입니다. 세포 내부의 물질이 밖으로 나가는 방법과 밖에서 세포 안으로 물이 들어가 희석시키는 방법입니다. 살아 있는 것은 후자의 길을 택합니다. 물질보다는 물이 쉽게 움직일 수 있는 구조이기 때문입니다.

흙 속의 물이 뿌리털로 밀고 들어올 때 생기는 압력이 물을 위로 밀어 올립니다. 그렇게 수분 상승이 시작됩니다. 안으로 들어온 물은 아주 가느다란 모세관을 통해 손에 손을 잡고 이어집니다. 끊어지지 않습니다. 물의 수소 결합으로 인한 표면 장력 때문입니다. 게다가 위에서 당겨 주는 힘이 보태집니다. 잎에서 물을 수증기 형태로 대기로 날려 보내는 것이 물을 당겨 주는 힘으로 작용하는 것입니다. 증산 작용이라 부릅니다. 이처럼 맨 아래에서는 위로 올려 주고, 중간에서는 서로 손잡고 있고, 끝에서는 빠져나가며 당겨 주기 때문에 물은 중력을 역행해 그 높은 꼭대기까지 올라가는 것입니다. 그러니 물만 있다면 높은 꼭대기까지 올라가는 것은 문제가 아닙니다. 끌어올릴 물 자체가 있느냐 없느냐가 중요할 뿐이지요.

그러면 살아 있는 것은 왜 자신을 이루는 가장 많은 것으로 물을 선택한 것일까요? 구조적인 이유가 있어 보입니다. 세포는 물속에서 생겨납니다. 세포의 생성 과정을 생각해 보겠습니다. 순서는 알 수 없습니다. 뒤죽박죽, 좌충우돌, 우왕좌왕, 왔다 갔다, 주먹구구… 하지만 이런 일이 일어났다는 것만큼은 추정할 수 있습니다. 세포는 물속에서 생겨납니다. 세포의 안과 밖을 구분하는 울타리가 필요한데, 그러려면 물과 구분되는 무엇이 필요합니다. 공기 속에서 공기로 울타리를 세울 수 없듯이 물속에서 물로 울타리를 세울 수는 없기 때문입니다.

물론 안팎이 물이니 물과 어우러지기도 해야 합니다. 그런 물과 어울리면서도 물에 녹지 않는 묘한 재료를 어찌어찌 만들어 물속에서 울타리를 칩니다. 쉽게 되었을 리 없고 상상도 할 수 없는 기나긴 시간이 흘렀지 싶습니다. 하지만 물속에서 그저 울타리를 쳤을 뿐입니다. 울타리 안쪽은 여전히 물입니다. 이런 과정에서 어쩔 수 없이 살아 있는 것의 대부분을 차지하는 것은 물이 될 수밖에 없습니다. 하지만 울타리만으로는 살아 있는 무엇이 온전히 존재할 수 없습니다. 안팎이 같기 때문입니다. 다른 무엇이 존재하려면 밖에서 안으로 무언가를 가져와야 합니다. 필연적으로 선택의 문제가 발생합니다. 살아 있는 것은 처음부터 운명적으로 선택을 합니다. 마침내 물속에서 차별화된 하나의 존재가 탄생합니다. 살아 있는 것의 탄생이지요.

살아 있는 것의 대부분은 물입니다. 물이 없으면 살아 있는 것도 없습니다. 그런데 실제로 물을 귀하게 여기고 아끼며 잘 지키려 애쓰는 이는 그리 많이 보이지 않습니다. 물이 없어서 살아 있는 것이 모두 사라질까 봐 걱정하는 이는 더 적어 보입니다. 수도꼭지를 돌리면 물이 콸콸 쏟아지고 흐르는 물이든 고인 물이든 곁에 물이 넘치니까요. 하지만 그렇지 않은 곳도 많습니다. 물 부족이 심각한 나라들은 말할 것도 없고 우리나라만 해도 물이 없어 큰 고통을 겪거나 생명을 잃는 경우가 흔합니다. 이런 일은 점점 더 많은 곳에서 벌어지고 있습니다.

봄 가뭄이 들면 깊은 계곡의 물마저 말라붙습니다. 점점 줄어들다 물이 두 손바닥을 붙여 펼친 정도만 남는 곳이 이곳저곳 생깁니다. 아직 물을 떠날 수 없는 산개구리 올챙이들이 빼곡하게 들어서서 숨을 헐떡입니다. 봄의 끝자락에 이르면 논농사가 시작됩니다. 저수지마다 물을 빼기 시작합니다. 논에 물을 대기 위해서지요. 심한 봄 가뭄으로 논이 말라붙는데 저수지의 물을 남겨둘 리 없습니다. 물을 빼니 저수지 바닥의 진흙까지 바짝바짝 타들어 갑니다. 수생 식물은 물론이고 동물도 없습니다. 살아 있는 것을 찾아볼 수 없습니다. 끝까지 물을 찾아 빙빙 돈 말조개의 마지막 흔적만이 쓸쓸히 남아 있을 뿐입니다.

겨울이면 재두루미를 만납니다. 재두루미는 국제적으로 멸종 위기에 처한 새입니다. 근래 재두루미의 생태에 아주 큰 변화가 생기고 있습니다. 10년 전까지만 해도 두루미 가족은 아빠 새, 엄마 새, 어린 새 둘로 모두 넷이었습니다. 대부분 그랬습니다. 최근에는 4마리 가족을 만나기 힘들어졌습니다. 셋일 때가 많고 심지어 어린 새가 없는 쌍도 늘어나고 있습니다. 그 까닭이 궁금해서 매년 번식지 중 하나인 몽골 쪽에 가 보았습니다. 이유를 알았습니다. 어린 새를 키우려면 습지, 그러니까 물이 있어야 하는데 물이 없습니다. 해마다 점점 심해지고 있습니다. 어쩔 수 없습니다. 물이 없으면 살아 있는 것도 없습니다.

요즈음 날마다 가는 곳이 있습니다. 마을 뒷산에 있는 옹달샘입니다. 아주 작습니다. 작은 쟁반 남짓의 크기입니다. 양손을 모아 몇 번 퍼내면 없어질 물이 고여 있을 뿐이지만 믿기 어려운 삶의 모습이 펼쳐집니다. 하루에 100개체 넘게 새가 날아들어 물을 마시고 목욕을 합니다. 저들이 살아 가는 데 많은 물이 필요한 게 아닙니다. 하지만 그 적은 물이 없는 날이 올 수 있습니다.

살아 있는 것에 대해 이해하려면 물을 이해해야 합니다. 살아 있는 것은 어느 정도 물을 닮기도 했습니다. 어쩔 수 없는 경우가 아니라면 흐릅니다. 끝없이 길을 찾습니다. 하나의 꼴을 고집하지도 않습니다. 액체, 기체, 고체를 오가며 순환합니다. 높은 곳에서 낮은 곳으로 흐릅니다. 어김이 없습니다. 그러니 낮은 곳부터 채웁니다. 그러다 모두 채우면 어느 쪽으로도 기울지 않습니다. 역시 어김이 없습니다. 살아 있는 나는 물을 닮고 싶습니다. 약 75%만큼이라도.

7.   살아 있다는 것은
역동적인 멈춤 상태다

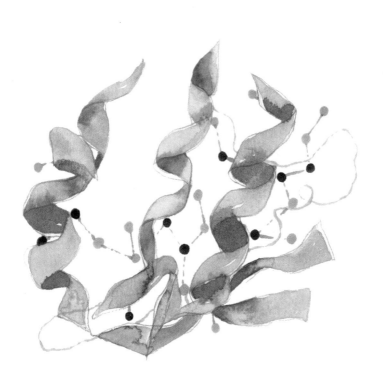

사물의 움직임이나 동작이 그치는 것을 멈춤이라고 합니다. 내리던 비나 눈 따위가 그치는 것, 아기가 울음은 그치는 것, 싸움을 그치는 것, 눈물을 그치는 것, 모두 멈춤입니다. 달리던 차나 기차가 서는 것, 잘 돌아가던 시계가 서는 것, 역시 멈춤이지요. 멈춤은 연료나 전원의 공급 또는 현상의 원인이 차단될 때 일어납니다. 그리고 살아 있는 것의 멈춤은 죽음입니다.

물리·화학의 세계에서 재미있는 멈춤 현상이 있습니다. 멈추어 있는데 멈춘 것이 아닌 경우입니다. 저수지의 수위에 대해 생각해 보겠습니다. 들어오는 물이 있습니다. 계곡을 통해 흘러들어 올 수도 있고 비가 올 수도 있습니다. 나가는 물이 있습니다. 수문이나 배수로를 통해 흘러나갈 수 있습니다. 증발하는 양도 적잖을 것입니다. 끝없이 들어오고 끝없이 나갑니다. 그런데 수위는 언제나 일정할 수 있습니다. 들어오는 물과 나가는 물의 양이 같은 경우입니다. 멈춰 있는 것으로 보이지만 멈춘 것이 아닌 시스템이지요.

비슷한 사례가 화학의 세계에도 있습니다. 개인적으로 특별히 흥미로워하는 화학 평형 개념입니다. A와 B가 결합하여 AB가 되는 화학 반응이 있다고 하지요. 이때 AB는 거꾸로 A와 B로 분해될 수도 있습니다. 간단히 A + B ⇌ AB로 표시하겠습니다. A와 B가 결합하여 AB가 되는 화학 반응을 정반응, AB가 A와 B로 분해되는 반응은 역반응이라 부릅니다. 정반응과 역반응이 쉼 없이 일어나는데 마치 아무 일도 벌어지지 않는 것처럼 보일 때가 있습니다. 정반응 속도와 역반응 속도가 같을 때입니다. 화학 평형이라 부릅니다.

화학 평형 상태에서 A를 첨가하면 A를 줄이기 위해 정반응이 진행되다 평형에 이릅니다. B를 첨가해도 같은 현상이 나타납니다. 화학 평형 상태에서 AB를 첨가하면 어떤 일이 벌어질까요? 그렇습니다. 역반응이 진행되다 화학 평형 상태에 이릅니다. 고등학교 2학년 때 배웠는데 충격이었습니다. 쉼 없이 뭔가 했는데 아무것도 하지 않은 것이라니 말이지요.

살아 있는 것에도 멈춤이 있습니다. 수위가 일정한 저수지나 화학 평형에서만 만날 수 있는 정도가 아니라 일상입니다. 살아 있는 것들이 보이는 멈춤은 모두 역동적인 멈춤입니다. 역동적인 고요함이며, 역동적인 일정함입니다. 변화의 요인이 없어 멈춰 있는 것이 아니라, 변화의 요인이 없어 고요한 것이 아니라, 변화의 요인이 없어 일정한 것이 아니라 변화의 요인을 조절, 조율하는 시스템이 작동하여 그리 보이는 것입니다. 살아 있는 것의 멈춤은 힘차고 활발하게 움직이는 멈춤이라는 점에서 죽음의 멈춤과 다릅니다. 이러한 모습은 식물보다 동물의 경우 더 또렷합니다.

살아 있는 것은 내부, 곧 세포의 환경을 일정하게 유지하려는 경향이 있습니다. '항상성'이라고 합니다. 어제나 오늘이나 내 혈액 속의 포도당 농도, 곧 혈당은 일정합니다. 들어온 당이 없고 나간 당이 없어서가 아닙니다. 들어온 만큼 소비되었기 때문이지요. 그보다 한 수 위의 조절 장치도 있습니다. 기본적으로 내 몸으로 들어오는 당은 날마다 일정하지 않습니다. 어떤 날은 넘치고 어떤 날은 턱없이 부족할 수 있습니다. 아침, 점심, 저녁 세끼 잘 챙겨 먹고 초콜릿 한 통을 다 먹은 날이 있는가 하면 물만 마시고 하루 종일 쫄쫄 굶은 날도 있습니다. 그래도 내 혈액 속의 포도당 농도는 일정합니다. 아주 탄탄한 포도당 은행이 있기 때문입니다. 남으면 저축하고 부족하면 꺼내 쓸 수 있는 기막힌 시스템이 작동하는 것입니다.

포도당의 저장 형태가 글리코겐입니다. 포도당을 글리코겐으로 저장하는 데 관여하는 호르몬이 인슐린이고요. 반대로 글리코겐에서 포도당이 나오게 하는 호르몬이 글루카곤입니다. 이 시스템에 문제가 생기면 고혈당이나 저혈당이 발생하게 됩니다.

내 체액의 수소 이온 농도 지수(pH)는 어제나 오늘이나 일정합니다. 내 몸에 별 탈이 없다면, 내일도 그러할 것입니다. 하루 세 끼 음식과 간식을 통해, 내 몸에는 산성과 염기성 음식이 들어옵니다. 그렇다고 그때마다 pH가 들쭉날쭉 요동치지 않습니다. 완충 시스템이 작동하기 때문이지요.

인간의 체온은 36.5℃ 정도입니다. 코로나19 팬데믹 기간 동안 날마다 체온을 측정했습니다. 몸에 문제가 없다면 체온은 36.5℃ ± 0.2℃, 즉 36.3℃ ~ 36.7℃에서 움직입니다. 거의 흔들림이 없습니다. 물의 온도를 36.5℃로 유지한다고 하지요. 보통 23℃를 실내 온도, 상온으로 잡습니다. 상온에 물이 있다 치겠습니다. 물의 온도 또한 23℃입니다. 23℃의 물을 36.5℃로 올려 유지한다고 하겠습니다. 어떤 방법으로든 결국 불을 때야 합니다. 36.5℃에 이르면 꺼야 하고요. 물이 식기 시작합니다. 또 불을 피워야 합니다. 생각하는 것처럼 쉬운 일이 아닙니다.

하지만 인체는 그 어려운 것을 해냅니다. 늘 36.5℃는 서 있는, 정지된, 멈춘 온도가 아니라 끊임없이 가꿔 일군 일정한 온도라는 뜻입니다. 체내 산소와 이산화탄소 농도의 조절을 비롯한 다른 종류의 조절도 그렇습니다. 결과를 보면 멈춘 것으로, 정지한 것으로 보이지만 속내는 치열합니다. 아무런 노력이나 대가 없이 거저 온 평화가 아니라 치열함과 간절함과 부지런함을 통해 얻은 평화인 셈입니다.

지금도 쑥쑥 크는 시기가 아니라 성인이라면 우리 몸의 세포 수는 어제와 오늘이 같습니다. 그렇다고 세포 분열을 하지 않는 것이 아닙니다. 쉼 없이 세포 분열을 하는데도 세포 숫자는 어제와 오늘이 같습니다. 분열을 통해 새로 생긴 세포의 숫자만큼 죽기 때문이지요. 끝없이 움직여야, 죽을힘을 다해 애써야 제자리를 유지하는 것이 살아 있는 것이기도 합니다.

'살아 있다는 것'의 반대말은 죽음입니다. 멈춤은 죽음의 몫이죠. 살아 있는 것에는 멈춤은 없으며, 그래서 같은 순간도 없습니다. 가만히 있다고 하여 가만히 있는 것이 아니며, 가만히 있다고 하여 가만히 있어지는 것도 아닙니다. 살아 있는 것은 그렇습니다.

8.   살아 있는 것은
            모두 상처가 있다

상처는 다친 자리나 흔적을 말합니다. 몸에 날 수 있고 마음에 날 수도 있습니다. 상처는 아뭅니다. 하지만 흉터가 남을 수 있습니다. 살아 있는 것은 모두 상처가 있습니다. 흉터가 지워지지 않고 남을 수도 있다는 뜻입니다.

어릴 때는 노는 것의 거의 대부분이 뛰는 거였습니다. 얌전히 앉아서 무엇을 한 기억은 잘 나지 않습니다. 공을 차고 놀 때가 가장 많았습니다. 지금 생각하면 그 좁은 골목에서 어떻게 축구를 하며 놀았는지 잘 이해가 되지 않지만 실제로 날마다 축구를 했습니다. 그 밖에도 야구, 술래잡기, 달리기 시합… 뛰다 보니 넘어지지 않을 수 없어서 팔꿈치나 무릎은 성한 날이 거의 없었습니다. 바닥에 잔디는 없었습니다. 시멘트, 아스팔트, 굵은 모래가 깔린 운동장… 넘어질 때마다 다쳤고 아팠습니다. 뛰지 않았다면 덜 다치거나 다치지 않았겠지요. 하지만 상처를 입으며 건강하게 큰 것도 사실입니다.

아스팔트와 아스팔트 사이에, 보도블록 연결 부위에, 길거리 인공물 사이에, 그리고 바위에 피어난 들꽃 덕분에 그곳에 미세한 빈틈이 있었음을 알아차리게 됩니다. 중요한 것은 하나입니다. 저들은 그 좁은 틈새, 얼마 되지 않는 가능성의 불씨를 끝내 살려냈다는 사실이지요. 열악한 환경도 상처입니다. 메마른 땅, 사막, 심지어 모든 것이 꽝꽝 얼어붙는 땅에서도 다양한 모습으로 살아 가는 것이 있습니다. 상처는 딛고 일어서기 나름입니다. 상처를 딛고 일어섰을 때 선물처럼 오는 대가가 있습니다. 단단해집니다. 그래서 조금 더 큰 상처를 입어도 그마저 넘어설 수 있게 됩니다.

동네에 100살은 훌쩍 넘어 듯 보이는 느티나무가 있습니다. 보이지 않고 느낄 수는 없지만 엄청난 산소를 뿜어 낼 것입니다. 내가 호흡하는 산소의 일부는 그 나무에서 비롯한 것일 테고 지구를 달구는 이산화탄소도 꽤나 줄여 줄 것입니다. 무더운 여름 날, 무척 시원한 그늘도 드리워 주고요. 고맙기 그지없지만 그것이 끝이 아닙니다.

나무는 수동 6곳을 품고 있습니다. '수동'은 나무속에 생긴 공간을 말합니다. 제법 나이든 나무에 생깁니다. 수동은 긴 세월 정해진 자리에서 사느라 생기는 상처이기도 합니다. 수동은 모진 바람이나 폭설로 가지가 부러진 곳에 생깁니다. 나무는 공간 이동을 할 수 없기 때문에 탄탄한 겉옷을 입고 있습니다. 껍질이지요. 그 껍질 덕분에 비를 맞아도 썩지 않습니다.

그런데 모진 바람이나 폭설로 가지가 부러지면 가지의 속살이 드러나게 됩니다. 가느다란 가지는 대개 썩어 들어가다 멈춥니다. 썩으면서도 다시 새로운 껍질이 만들어지기 때문이지요. 그런데 줄기와 가지가 연결된 부위에서 가지가 넓게 부러지면 사정이 달라집니

다. 줄기까지 썩어 들어가게 됩니다. 그러다 보면 나무줄기 속에 공간, '수동'이 생깁니다.

부러져 나간 부위의 넓이에 따라 수동의 규모가 결정됩니다. 잘려 나간 부위가 넓으면 넓을수록 큰 수동이 만들어집니다. 딱다구리가 만드는 수동도 있습니다. 딱다구리는 나무를 쪼아 파내는 특별한 재주가 있는 친구입니다. 순서대로 자연 수동, 딱다구리 수동이라 부르겠습니다. 그런데 이들 수동에서 놀라운 일이 벌어졌습니다.

올해 1층 자연 수동에서는 찌르레기 어린 새 6마리가 컸습니다. 2층 자연 수동에서는 원앙 어린 새 15마리가 잘 부화하여 둥지를 떠났고요. 3층 자연 수동에서는 하늘다람쥐가 새끼 4마리를 키워 독립시켰습니다. 4층 자연 수동에서는 찌르레기 어린 새 5마리가 잘 컸고요. 5층 아주 작은 자연 수동에서는 참새가 어린 새 5마리를 건강하게 키웠습니다. 마지막 6층 딱따구리 수동에서는 찌르레기 어린 새 6마리가 잘 커서 둥지를 떠났고요. 나이 든 느티나무는 올해만 41마리의 생명을 품어 낸 것입니다. 내가 지켜본 것만 15년째며, 해마다 크게 다르지 않습니다.

수동은 나뭇가지가 잘려 나간 곳에서 생깁니다. 나무에 난 상처며 흉터입니다. 딱따구리 둥지도 딱따구리가 부리로 나무를 파내 나무 속을 비워 낸 것입니다. 역시 나무에게는 상처며 흉터이지요. 그런데 둘 다 수많은 생명을 품어 냅니다. 상처는 때로 더 큰 것을 품는 그릇이 되기도 합니다.

봄은 번식의 계절입니다. 담수 어류도 대부분 봄에 산란합니다. 첨벙첨벙, 철푸덕 철푸덕… 하루 종일 저수지가 부산합니다. 물풀에, 돌에, 심지어 돌바닥을 몸으로 파내고 알을 낳기 때문에 산란기의 물고기는 온몸이 상처투성이가 됩니다. 번식으로 온몸이 만신창이가 되는 여정으로 가장 잘 알려진 물고기가 연어입니다.

연어는 태어난 곳으로 되돌아와 알을 낳는 것으로 널리 알려진 물고기이기도 합니다. 암컷은 약 3,000개의 알을 품습니다. 성숙한 알은 지름이 7밀리미터 정도이며 짙은 오렌지색입니다. 알은 3 ~ 4개월 지나야 부화합니다. 부화한 후 1년 남짓 강에서 지내다 바다로 갑니다. 바다에 도착하는 개체는 지극히 일부입니다. 다른 물고기와 다양한 새를 비롯하여 천적이 많습니다. 바다에 도착한 연어는 3년 정도 생활합니다. 크면서 특히 수컷은 턱과 이가 강해집니다. 번식을 앞두고 다른 수컷과 싸울 준비를 하는 것이지요. 그러다 자신이 태어난 강으로 돌아가 번식 일정을 마친 암수는 모두 생을 마칩니다.

가을, 바다의 삶도 만만치 않지만 강으로 돌아오는 연어의 마지막 여정은 상처투성이입니다. 강어귀에는 연어잡이 배가 줄 서 있습니다. 싹쓸이를 하다시피 하지요. 강의 수질오염도 길을 찾아가기 어렵게 합니다. 끝이 아닙니다. 아니, 시작도 못한 것입니다. 강의 상류나 중류에서 태어나 내려갈 때는 물살에 몸을 맡기면 됐지만 이제

거꾸로 거슬러 올라야 합니다. 세찬 물살과 소용돌이는 기본이고 높은 폭포를 뛰어넘어야 할 때가 많습니다.

튀어 오르며 몸부림치지만 쉽게 오를 수 없습니다. 또 튀어 오르고, 또 튀어 오르고, 다시 또 튀어 오르고… 지쳐 죽는 경우도 많습니다. 도전에 도전을 반복하지만 넘기 힘든 벽입니다. 바위에 부딪쳐 몸이 너덜너덜해집니다. 간신히 폭포를 넘었다 싶으면 이제는 불곰의 커다란 입이 기다리고 있습니다. 완전히 먹히기도 하고 살점만 크게 떨어져 나가기도 합니다.

연어는 그래도 올라갑니다. 아직 살아 있다면 말이지요. 산란하려고 강을 타고 오를 때 연어는 아무것도 먹지 않습니다. 몸에 저장된 지방을 태워 씁니다. 야윌 대로 야윕니다. 산란할 곳까지 도착하는 연어는 몇 되지 않습니다. 산란장에 도착했다 하여 끝이 아닙니다. 알을 낳을 장소를 만들어야 합니다. 암컷은 수심이 얕고 물결이 잔잔한 자갈밭에 알 낳을 장소를 만듭니다. 꼬리를 앞뒤로 마구 흔들어 접시 모양의 구멍을 팝니다. 너덜너덜한 몸이 더 헤져 누더기가 됩니다.

수컷은 주변을 돌며 암컷을 지킵니다. 그러다 다른 수컷이 접근하면 날카로운 이빨로 싸움을 벌입니다. 암컷이 구멍에 알을 낳으면 수컷이 그 위에 정자를 뿌리며, 이러한 과정을 여러 번 반복합니다. 산란 후에는 돌로 알을 잘 덮어 줍니다. 이 모든 여정이 끝나면 암수는 죽습니다. 이렇게 상처를 딛고 수정란이 생깁니다.

　둘러봅니다. 살아 있는 것들이 어떻게 살아가는지. 저마다 상처가 있습니다. 아픕니다. 하지만 삶이 아무리 고되고 버거울지라도 저 자신을 내던지고 자기로부터 멀어지거나 도망치는 생명은 없습니다. 어떤 때는 비가 너무 많이 와서, 어떤 때는 비가 너무 오지 않아서, 어떤 때는 너무 더워서, 어떤 때는 너무 추워서, 어떤 때는 태풍으로, 어떤 때는 폭설로, 어떤 때는 때 이른 서리나 우박으로… 삶을 심하게 흔들고 휘청거리게 할 상처는 널리고도 널렸습니다.

　상처는 어쩌면 살아 있음의 증거일지도 모릅니다. 연어는 몸이 너덜너덜해져도 자신의 길을 갑니다. 수동은 나뭇가지가 잘려 나간 상처에서 만들어지기 시작합니다. 하지만 마침내 수많은 생명을 품어내는 생명의 보금자리로 거듭납니다. 길마다 벚꽃 열매 버찌가 발에 밟힙니다. 몇 개나 온전히 남을까요? 몇 개나 흙다운 흙에 떨어질까요? 남는 것이 없어 보입니다. 그래도 봄이면 벚꽃은 길가와 산을 다 덮습니다. 상처를 다 이겨 냈다는 뜻입니다. 아무리 상처가 컸어도 포기하지 않았다는 뜻이기도 합니다. 삶이 아무리 버거워도 자신을 버리지 않습니다. 스스로 귀하게 여깁니다. 살아 있는 것은 그렇습니다. 꽃이 지는 것도 상처입니다. 하지만 열매는 꽃이 진 바로 그 자리에서 맺힙니다. 상처 없이 살아 있는 것은 없습니다.

9.

살아 있는 것은
끝없이 다툰다

숲, 참으로 편안합니다. 강과 바다, 무척 평온합니다. 흙, 꽤 차분합니다. 푸른 하늘, 눈이 부시도록 맑고 밝습니다. 하지만 보이는 것이 진정 전부일까요? 보이는 것이 전부인 경우는 지극히 드뭅니다. 속을 들여다보면 다툼이고 전쟁입니다. 살아 있는 것이 둘 이상이라면 말이지요. 아닙니다. 어쩌면 혼자여도 그럴지 모릅니다. 자기 자신과의 싸움이라는 것도 있으니까요.

경쟁이나 다툼이 동물의 세계에서만 일어나는 것은 아닙니다. 식물의 세계에서도 일상이며 치열함도 덜하지 않습니다. 그저 '쿵', '쾅' 하는 소리를 내지 않고 은밀하게 벌어질 뿐이지요. 식물은 물, 빛, 온도 조건이 알맞은 곳에 뿌리를 내리려 합니다. 모든 식물이 그렇습니다. 하지만 최고의 조건을 두루 갖춘 곳은 지구에 얼마 되지 않습니다. 하나의 조건이라도 좋은 곳마저 많지 않은 것이 현실이지요. 한정된 공간으로 모여들기 마련이니 경쟁은 피할 수가 없습니다. 구조적으로 그렇습니다.

결과는 동물의 상황과 다르지 않습니다. 경쟁에서 이기면 좋은 조건에서 살고, 경쟁에 밀리면 열악한 환경에서 살아야 하며, 더 밀려나면 극한의 여건에서 힘겹게 버텨야 합니다. 하지만 어디에서라도 살기만 한다면 괜찮습니다. 이긴 것입니다. 강한 자가 살아 남는 것이 아니라 살아남은 자가 강한 것이니.

식물은 공간 이동을 할 수 없습니다. 있는 자리에서 모든 환경의 변화에 맞서야 합니다. 자리 말고는 정해진 것이 하나도 없는 현실과 마주해야 합니다. 적은 외부에도 있지만 내부에도 있습니다. 자기 자신과도 싸워야 합니다. 그러니 시작부터 쉽지 않습니다. 작은 씨앗 하나가 뿌리를 키우며 싹을 틔우는 일에서부터 잎을 제대로 만들고, 줄기를 키우고, 꽃을 만들고, 열매를 만들기까지 어느 것 하나 거저 될 리 없습니다. 순간순간이 몸부림이지요. 그 몸부림은 순응일 때가 있고, 적응일 때가 있으며, 극복일 때도 있습니다.

언 땅이 녹고 따스한 봄기운이 번지면 잎눈이 터지고 잎이 크며 광합성을 시작합니다. 잎이 커지니 광합성 능력이 커지고 광합성 능력이 커지니 그 양분으로 잎은 또 커집니다. 좋은 의미의 순환이 일어나는 것이지요. 잎이 크는 속도가 엄청 빠른 이유이기도 합니다. 이제 잎은 제 크기를 유지하며 열심히 양분을 만들어 온몸에 쌓아 둡니다. 그러다 가을이 되어 광합성에 필요한 빛의 양이 줄고 싸늘한 기운이 감돌면 내려놓을 준비를 합니다. 여름처럼 땅속에 있는 물을 쭉쭉 빨아 올린다면 양분은 만들지 못하면서 귀한 물만 소비하는 꼴이 됩니다.

그래서 나무는 가지와 잎자루 사이에 '떨켜'라는 세포층을 만들어

물과 양분이 잎으로 가는 길을 막아 버립니다. 그러면 물과 양분의 공급이 끊기면서 엽록소가 파괴됩니다. 원래 잎에는 녹색 색소인 엽록소 말고도 다른 색소들이 많습니다. 하지만 여름에는 잎에 있는 색소의 대부분을 차지하는 엽록소에 다른 색소들이 가려 잘 보이지 않았던 것입니다. 그동안 드러나지 않던 다른 색소들이 나타나면서 잎은 단풍으로 물들다 떨어집니다. 결국 놓아주고, 줄이고, 버리며 겨울나기 준비에 들어가는 것이지요. 떨어진 잎은 뿌리 주변을 덮어 줍니다. 나도 덮지만 남도 덮어 주지요. 내가 그랬듯 남의 잎도 나를 덮어 줍니다.

그렇다고 잎만 떨어지는 것이 아닙니다. 이미 다음 해 봄을 준비하는 겨울눈이 자리 잡고 있습니다. 겨울눈을 만드는 시기는 잎이 떨어지기 전인 여름입니다. 더 일찍 만들기도 하고요. 나무는 내년 봄 준비를 초여름부터 하는 것입니다. 이처럼 나무는 풍요롭고 여유 있는 계절에 이듬해 봄을 준비합니다. 미리미리. 한 해 한 해 그렇게 삶을 헤쳐 나간 기록은 나이테에 온전히 기록됩니다. 순응과 적응과 극복이라는 내용을 담은 경쟁과 다툼의 기록인 셈입니다.

산림 지역과 고산 툰드라 지역을 가르는 경계 지역을 수목 한계선이라고 합니다. 수목 한계선 위로는 키가 큰 나무, 즉 수목은 살 수 없습니다. 모진 추위, 강한 바람, 물 부족 때문이지요. 툰드라 지역에 사는 식물들은 저지대에서 사는 식물들과는 달리 키가 작습니다. 대체로 10센티미터가 넘지 않습니다. 줄기는 땅 표면에 붙어 옆으로 기어가듯 뻗고요. 얼기설기 엉겨 있는 가지와 빽빽하게 붙어 있는 작고 가는 잎이 어우러져 카펫 모양의 군락을 이루는 경우가 많습니다. 키 작은 식물 여럿이 뭉쳐서 무리를 이루기도 합니다. 모진 바람에 춥기까지 하니 달리 방법이 없는 것입니다.

키가 크면 강한 바람에 잎이 떨어지거나 찢깁니다. 가지가 꺾이거나 뿌리째 뽑힐 수 있습니다. 또한 거친 바람은 수분을 빼앗습니다. 안 그래도 물이 부족한데 말이지요. 몸을 작게 만들고 낮추는 게 살 길입니다. 그러면 눈 속에 파묻혀 추위를 피할 수 있습니다. 눈은 지열의 방출을 막아 보온 효과를 냅니다. 또한 적절한 수분도 공급해 주고 강한 바람도 막아 줍니다. 눈은 식물이 혹독한 추위를 견디고 살아남을 수 있게 해 줍니다.

경쟁과 다툼은 대상이 없어질 때까지 계속될 때가 많습니다. 그런 면에서 현재 존재하는 식물이 경쟁의 승리자인 것만큼은 틀림없습니다. 하지만 승리자의 자리를 영원히 지킬 수는 없다는 점에서 식물은 동물과 다르지 않습니다. 언제라도 또 다른 경쟁자가 나타날 수 있으며 그 결과는 누구도 장담할 수 없습니다. 그런데 식물은 쓸 수 있는 모든 전략을 써서 이웃 식물, 또는 다른 동물과 치열하게 경쟁하는 과정에서 중요한 무언가에 눈 뜨게 됩니다.

경쟁만이 살 길은 아니라는 것을 식물은 알아차린 듯합니다. '너

죽고 나 죽고' 또는 '너 죽고 나 살고' 식이 아닌 무엇, 바로 공존입니다. 식물은 근본적으로는 '너도 살고 나도 사는' 전형적인 공존의 방식을 취하고 있습니다. 하지만 접근 방식이 독특합니다. 자신의 이익보다는 상대의 이익을 먼저 챙겨 줌으로써 서로 이익을 가져오는 전략을 택한 것입니다. 기다릴 줄도 알고 멀리 내다볼 줄도 압니다.

벼과 식물인 가라지조는 아주 오래전부터 사상균에 감염된 채로 진화를 했습니다. 균류와 공생을 하며 동물에게 먹히지 않으려는 전략이지요. 4,400년 된 파라오의 무덤에 있던 가라지조 씨에서조차 균과의 공생이 확인된 바 있습니다.

물속에서 서식하던 식물은 땅 위로 진출할 때 균류의 도움을 받습니다. 덕분에 인산의 흡수가 가능해졌습니다. 질소(N)는 지구 대기의 78% 정도를 차지합니다. 대기의 대부분이 질소라고 해도 좋을 정도이지요. 질소는 인산(P), 칼륨(K)과 더불어 식물의 3대 필수 영양소 중 하나입니다. 식물이 공기에 넘쳐나는 질소를 잘 이용할 수 있을까요? 불가능합니다. 대기 중의 질소는 바로 이용하지 못하고 아주 복잡한 과정을 통해 토양으로부터 어렵사리 흡수합니다.

콩과 식물은 이러한 문제를 지혜롭게 해결합니다. 공기 중의 질소를 고정할 수 있는 뿌리혹박테리아와 공생해 질소를 얻는 것입니다. 원래 식물과 세균은 적대 관계인 경우가 흔하지만 콩과 식물은 상생의 길을 찾은 셈이지요. 또한 식물은 꽃가루를 노리는 곤충을 꽃가루의 운반책으로 활용하며 상리공생의 협력 관계를 구축합니다. 씨방을 크게 만들어서 맺은 큰 열매를 포유동물과 새에게 먹이로 줘서 씨를 멀리 퍼뜨리는 식물도 많습니다. 냉혹한 자연계에서 식물은 생존을 위해 투쟁하지만 때로 투쟁을 접고 동맹하고 연대함으로써 함께 사는 길을 찾기도 합니다.

곤충 중에는 특정 식물만 편식하는 종이 많습니다. 배추흰나비 유충은 배추를 비롯한 십자화과 식물만 먹습니다. 왜 곤충은 편식을 하는 것일까요? 기본적으로 식물은 곤충에게 먹히지 않으려고 독성분을 만듭니다. 그런데 곤충 또한 가만히 있지는 않습니다. 독성분을 무력화하는 방법을 찾습니다. 곤충이 식물의 방어벽을 뚫으면 식물은 다시 새로운 독성분을 만들고 곤충은 그 독성분에 또다시 대응하는 과정이 반복됩니다.

이 과정에서 곤충은 새로운 식물에 손을 대어 처음부터 독성분을 돌파하는 방법을 찾아내기보다는 조금 궁리하여 지금까지 먹어 온 식물을 먹는 길을 택합니다. 식물 역시 특정 곤충에 맞서 자신을 지키는 방법을 찾습니다. 가장 위협적인 곤충 하나는 확실히 막으려고 하는 것입니다. 살기 위해 할 수 있는 것은 다 해 보는 것이 다툼의 실상입니다.

동물은 식물을 먹고, 식물은 동물에 먹힙니다. 분명한 사실입니다. 그렇다 하여 식물과 동물의 관계를 먹고 먹히는 관계로만 볼 것은 아닙니다. 서로 반대의 길을 간 동물과 식물이지만 결국은 서로 의지합니다. 저들은 이미 공존의 길을 찾았습니다. 세상에 동물만 있다 치지요. 소비자만 있는 세상입니다. 얼마나 가겠는지요. 세상에 식물만 있다고 가정하겠습니다. 생산자만 있는 세상입니다. 또한 얼마나 가겠는지요. 어쩌면 서로 반대의 길을 간 것이 상생의 열쇠였는지도 모릅니다. 광합성의 결과로 식물은 동물의 호흡에 필요한 산소를 만듭니다. 동물은 그 산소로 호흡하며 이산화탄소를 배출하고 그 이산화탄소는 다시 광합성의 원료가 됩니다. 식물은 생산하고 동물은 소비하지만 생산과 소비 또한 일방적인 것이 아니라 순환의 고리를 따라 돌고 돕니다. 다툼의 완성은 순환입니다.

10.

살아 있다는 것은
언젠가 죽는다는
뜻이기도 하다

머리 위에서 뭔가 떨어지고 있습니다. 얼른 피하는 길이 있지요. 그런데 움직일 수 없다면요? 아득히 오래 전, 삶의 문제에 있어 식물은 동물과 정반대의 길을 갑니다. 스스로 몸을 움직여 생존의 길을 모색한 동물과 달리 식물은 땅에 뿌리를 내리고 공간 이동을 하지 않기로 합니다. 있는 자리에서 모든 환경의 변화를 스스로 감당하기로 한 것입니다.

모진 비와 거친 바람을 피하지 못하고 고스란히 맞아야 합니다. 이글거리는 태양을 피해 그늘로 갈 수도 없습니다. 물은 뿌리 근처에 있는 것이 전부입니다. 모든 것이 꽁꽁 얼어붙어도 덜 춥거나 따듯한 곳으로 갈 수 없습니다. 산불이 나면 모조리 타 죽고 맙니다. 게다가 먹고 사는 문제도 정해진 자리에서 해결해야 합니다. 어찌 보면 이해하기 어려운 길을 선택합니다. 그런데 이상합니다. 식물과 동물 중 누가 오래 살까요? 식물이 오래 삽니다. 공간 이동을 못하는 식물이 원하는 대로 움직일 수 있는 동물보다 오래 사는 것입니다.

동물의 수명은 기본적으로 몸무게에 비례합니다. 그러면 몸무게가 비슷한 동물 중에서는 누가 더 오래 살까요? 초식 동물 > 잡식 동물 > 육식 동물 순서입니다. 풀만 먹는 초식 동물이 가장 오래 살고, 그 다음 이것저것 가리지 않고 먹는 잡식 동물, 다른 동물을 잡아먹는 육식 동물이 가장 수명이 짧습니다.

구체적으로, 동물 중 가장 오래 사는 종은 그린란드 상어로 400년 정도를 사는 것으로 알려져 있습니다. 그린란드 상어의 장수 비결은 낮은 체온으로 봅니다. 변온 동물인 상어의 체온은 수온에 따라 낮아집니다. 체온이 낮으면 체내의 물질대사 전반이 느려지고요. 이 때문에 생장하는 데 오랜 시간이 걸리고 그만큼 노화도 늦어 수명이 긴 것으로 추정하고 있습니다.

최장수 동물 2위는 북극고래로 수명은 200년이 조금 넘습니다. 북극고래의 장수 비결 역시 낮은 체온을 듭니다. 북극고래 다음으로 수명이 긴 동물은 150년 이상 사는 코끼리거북입니다. 무척추동물 중 가장 오래 사는 동물은 북미 대서양 연안의 대합류 조개로 500년 정도를 사는 것으로 알려져 있습니다.

식물은 어떨까요? 올드하라 브리슬콘 소나무는 5,000살이 넘습니다. 정확히는 5,069살입니다. 나이테로 센 나이입니다. 현재까지 나이가 밝혀진 나무 중에서 가장 나이가 많습니다. 얼마나 더 살지는 알 수 없습니다. 생존을 위해 필수적이지 않은 시스템은 모두 버리고 아주 적고 제한된 영양분으로 살아가고 있습니다.

우리나라에서 가장 나이가 많고 키가 큰 나무로는 경기도 양평 용문사 은행나무가 떠오릅니다. 키 42미터, 밑동 둘레 15미터, 나이

1,100살로 추정하고 있습니다. 하지만 공식 기록으로 우리나라에서 가장 오래 산 나무는 부산광역시 기장군 장안리의 느티나무로 1,300살입니다.

은행나무는 2억 년 전 쥐라기 공룡시대부터 지구에 뿌리내리고 살아 온 살아있는 화석입니다. 은행나무가 수명이 긴 이유로는 지속적인 생장, 노화 방지 시스템의 작동, 외부 스트레스에 대한 강력한 저항력 유지 등을 꼽습니다. 동물의 경우 노화는 줄기세포의 활력이 떨어지는 형태로 나타납니다. 식물에서 동물의 줄기세포에 해당하는 것이 분열 조직입니다. 은행나무도 나이가 들면 분열 조직의 세포 분열 속도가 느려집니다. 하지만 노화와 관련한 유전자의 발현은 늘어나지 않습니다. 세포 분열의 속도만 느려질 뿐 은행나무는 사실상 늙지 않는다는 뜻이지요.

은행나무가 죽는 것은 노화가 축적돼서가 아니라 가뭄과 같은 자연적 이유와 사람에 의한 훼손 등의 인위적 원인이 더 많습니다. 또한 은행나무는 늙어도 기후 변화를 비롯한 외부 스트레스에 대응하는 저항력이 떨어지지 않는다고 합니다. 20살 청년 은행나무나 1,000살의 나이 든 은행나무나 저항력 수준은 같다는 것이지요. 산다는 것만 생각할 때 식물은 어쩌면 동물보다 한 수 위에 있는 것인지도 모릅니다.

식물이 동물보다 오래 사는 이유는 무엇일까요? 크게 두 가지를 들 수 있습니다. 첫째, 식물은 영양 문제를 스스로 해결합니다. 동물은 먹을 것을 찾아 이리저리 옮겨 다닙니다. 움직이면 움직일수록 먹을 것을 만날 확률이 높아지기 때문이지요. 그마저 어려울 때는 죽은 듯 동면하며 지내기도 합니다.

식물은 움직이지 못합니다. 정확히는 공간 이동을 할 수 없습니다. 그러면서도 스스로 먹고 사는 문제를 해결해야 합니다. 무에서 유를 창조해야 하는 꼴이지만 해결했습니다. 광합성입니다. 토양 속의 물과 공기 중의 이산화탄소로부터 포도당을 만드는 재주가 있습니다. 물과 이산화탄소는 무기물이고 포도당은 유기물입니다. 무에서 유까지는 아니더라도 무기물에서 유기물을 만들어 내는 것은 맞습니다. 탄소 6개로 이루어진 포도당을 자르고, 변화시키고, 붙이기도 하면서 식물은 자신의 삶에 필요한 영양분을 스스로 만들어 나갑니다.

둘째, 생존 전략의 틀이 다릅니다. 동물은 중앙 집권화, 식물은 지방 분권화입니다. 동물의 몸은 중추의 역할을 하는 뇌와 뇌의 명령에 따르는 기관(호흡 기관, 순환 기관, 소화 기관, 배설 기관, 생식 기관 등)들로 구성됩니다. 이러한 시스템의 가장 큰 장점은 의사 결정 속도가 빠르다는 것입니다. 결정된 사항을 개체 전체로 전파하는 속도가 빠르며, 기능의 전문화에 따른 덕도 봅니다. 장점이 있으니 단점도 있습니다. 빠른 대신 오류가 크고 많다는 점입니다. 뇌에 문제가 생기면 모든 것이 멈춥니다. 기관 하나만 망가져도 전체로 문제가 번집니다.

이와는 대조적으로 식물은 동물의 뇌에 해당하는 구조가 없습니다. 중앙 통제 센터가 없는 분산적 협력 구조입니다. 어느 누구도 명령을 내리지 않습니다. 명령을 내릴 누가 없으니 명령을 전할 시스템도 없습니다. 감각 기관이 발달한 것도 아닙니다. 그럼에도 동물 못지않은 감각으로 환경의 변화를 정확하게 인식하고 판단합니다.

식물도 뿌리, 줄기, 잎, 꽃을 비롯한 다양한 기관이 있습니다. 동물의 기관처럼 모두 달라 보이기는 합니다. 하지만 속을 들여다보면 크게 다르지 않습니다. 각 기관의 세포 하나하나가 다른 기관의 기능을 공유합니다. 동물과 달리 식물은 어느 한쪽에 문제가 생겼다 하여 그 문제가 전체로 번지지 않는 이유입니다. 뿌리가 상했다 하여, 줄기나 가지가 부러졌다 하여, 잎이나 꽃이 떨어졌다 하여 죽지 않습니다.

게다가 식물은 어느 세포라도 그 세포 하나가 식물 전체로 재생될 수 있는 능력까지 갖추고 있습니다. 모든 세포가 동물의 배아 줄기세포인 셈입니다. 이게 바로 꺾꽂이와 휘묻이가 가능한 이유입니다. 동물은 생식 세포가 발달해야 성체가 되지만 식물은 어느 세포라도 온전한 식물이 될 수 있는 능력이 있습니다. '전형 성능'이라고 합니다.

그렇다고 동물과 식물이 모든 면에서 다른 것은 아닙니다. 세포 수준에서는 비슷하거나 같은 점이 많습니다. 포도당이 이산화탄소와 물로 분해되는 과정을 '해당 작용'이라고 합니다. 해당 작용은 살아 있는 것이 에너지를 얻는 바탕이기도 합니다. 해당 작용의 과정은 식물과 동물이 똑같습니다. 식물에는 있는데 동물에는 없고, 식물에는 없지만 동물에는 있는 것이 있지만, 공유하는 것도 엄청 많습니다.

언젠가는 죽는다는 점이 식물과 동물의 가장 큰 공통점입니다. 불멸이 아니라 일정 시간을 사는 것이 여러 모로 다행입니다. 살아 있다는 것의 반대는 죽음이지요. 만약 죽음이 없다면 모든 것이 쌓입니다. 순환하지 않습니다. 분해되지 않습니다. 일정 공간을 채우기만 합니다. 비우는 것도 채우는 것만큼 중요합니다.

30년 넘게 숲 바로 옆에서 지내고 있습니다. 가을이면 해마다 엄청난 잎이 떨어지는데, 30년 동안 쌓였다면 내 키를 훌쩍 넘기고도 남을 것이며, 언덕 하나는 생겼을 것입니다. 하지만 늘 그대로입니다. 해마다 잎은 돋아납니다. 그리고 큽니다. 연록에서 진록으로 바뀌고 가을이면 단풍으로 물들다 떨어집니다. 그럼에도 숲 바닥의 높이는 그대로입니다. 새로 생긴 만큼 사라지기 때문입니다. 죽어야 삽니다. 그래서 살아 있는 모든 것이 언젠가는 죽는 것입니다.

천하를 다 얻었다는 영웅들은 불로장생을 꿈꿨습니다. 영웅뿐만 아니라 살아 있는 것은 모두 오래 살기를 꿈꾸는 듯 보입니다. 단 한 명도 이루지 못했습니다. 불멸은 없으며 오래 살더라도 끝은 피할 수 없습니다. 수명이라는 것이 있기 때문입니다. 여러해살이풀도 땅 위로 돋아난 부분은 겨울마다 죽습니다. 땅속 부분, 뿌리가 겨울에도 살아남는 것입니다. 살아 있는 것은 언젠가 죽도록 설계되어 있습니다. 그래서 살아 있는 것은 태어난 순간부터 어찌 보면 죽음의 시간을 향해 가는 것이기도 합니다. 물론 그 끝이 언제 올지 알 수 없습니다. 다만 정해진 시간을 사는 것이니 저마다의 모습으로 간절할 필요는 있습니다. 둘러보면 살아 있는 것은 모두 그래 보입니다. 순간순간 간절하게 살아갑니다.

11.

살아 있다는 것은
깨어 있다는 것이다

'살아 있다는 것'은 무엇일까요? '살아 있다는 것'은 어떤 것일까요? 쉽지 않습니다. 아니, 엄청 어렵습니다. 낱말이나 개념이 잘 정리되지 않을 때 반대 뜻의 낱말이나 개념을 떠올려 보는 방법이 있습니다. 부정의 부정을 통하여 어떤 긍정을 사유해 볼 수도 있으니까요. '살아 있다'의 반대말은 '죽었다'입니다. 그러면 '죽었다'는 또 무엇인가요? 역시 쉽지 않습니다. 어렵습니다. 하지만 '죽었다'는 '살아 있다'보다 조금 낫습니다. 같은 뜻을 가진 다른 표현이 꽤 많기 때문입니다.

사람이 죽으면 '사망(死亡)'이라는 표현을 주로 사용합니다. 말 그대로 '죽었다'는 뜻입니다. 사회적 지위가 높은 사람이 죽었을 때는 보통 '서거(逝去)'라는 말을 씁니다. '죽어서 세상을 떠나다'는 의미의 '사거(死去)'를 높여 이르는 말입니다. '타계(他界)', '별세(別世)'라고 할 때도 있습니다. 역시 세상을 떠났다는 뜻이지요. 예전에 임금이 죽었을 때는 '승하(昇遐)'했다는 표현을 썼습니다. 세상을 떠남을 높여 이르던 말입니다. 그냥 떠났다고 표현하기도 합니다. '숨을 거두었다, 숨졌다, 눈을 감았다.' 같은 살짝 의학적인 표현도 있습니다.

종교마다 바라보는 것에 차이가 있어 죽음을 일컫는 용어도 다릅니다. 불교의 경우 '입적(入寂)', '열반(涅槃)', '적멸(寂滅)', '원적(圓寂)'이라는 표현을 사용합니다. 모든 번뇌에서 벗어나 완벽한 깨달음의 세계로 들어간다는 의미입니다. 개신교에서는 죽음을 '소천(召天)'이라 부릅니다. 하나님의 부르심을 받았다는 뜻입니다. 천주교에서는 '선종'이라 말합니다. '선생복종(善生福終)'의 준말로 착하게 살다가 복되게 마쳤다는 의미를 담고 있습니다. 천도교는 본래의 자리로 돌아갔다는 뜻으로 '환원(還元)'이라는 표현을 씁니다. 돌아가셨다는 표현은 일반인들도 흔히 사용합니다. 이 밖에도 '졸하셨다. 운명하셨다.' 등 죽음을 일컫는 표현은 다양합니다.

'죽었다'의 가장 보편적인 의미는 '잠들었다' 정도로 생각할 수 있겠습니다. 그렇습니다. 잠든 것이 죽은 것이지요. 그런데 우리는 또 날마다 깨어납니다. 날마다 죽고 날마다 깨어나는 셈이지요. 그래서 진짜 죽은 것을 영원히 잠들었다는 뜻으로 영면했다고 하나 봅니다.

어릴 때나 젊을 때만 해도 전혀 그런 생각이 들지 않았는데 이제 나이가 든 모양입니다. 잠이 들기 전 "내일 아침에 깨어날까?" "깨어날 수 있을까?" 하는 생각이 들 때가 있습니다. 그렇습니다. 깨어나면 산 것이고, 깨어나지 않으면 죽은 것이지요. 그러니 살아 있다는 것은 '잠들지 않았다.' '잠에서 깨어 있다.' '잠에서 깨어났다.' 정도로 생각할 수 있습니다. 어찌 되었든 살아 있다는 것이 무엇인지 이해하려면 잠을 알아야 하는 것만큼은 분명해 보입니다.

인간은 삶의 약 1/3을 잠으로 보냅니다. 90살까지 살았다고 했을 때 30년은 잠을 잔 시간인 것입니다. 잠, 꼭 필요합니다. 하지만 "꼭 그렇게 많이 자야 하나?" 하는 생각을 떨치기 어렵습니다.

잠을 자는 이유는 무엇일까요? 우선 잠을 못 자면 몸이 힘듭니다. 몸이 힘들면 마음도 따라 힘들기 마련이고요. 잠을 자고 나면 고단함이 덜 하거나 사라집니다. 잠은 몸과 마음에 쉼을 줍니다. 피로 회복의 의미가 있는 것이지요. 사람은 얼마 동안이나 자지 않고 견딜 수 있을까요? 17세의 학생이 264시간 자지 않았다는 기록이 있습니다. 11일을 한숨도 자지 않고 견딘 것이지요. 잠이 부족하면 몸과 마음이 모두 불편해집니다. 집중력이 떨어지고 정신이 멍해져서 올바른 판단을 하기도 어렵습니다. 환각 증상을 보이기도 합니다.

갓 태어난 아기는 하루 대부분을 자면서 보냅니다. 필요하기 때문이지요. 특히 성장 호르몬은 깊은 잠을 잘 때 많이 분비되기 때문에, 성장기 어린이는 잠을 충분히 자는 것이 중요합니다. 우리 몸을 질병으로부터 지켜 주는 면역 물질은 주로 잠을 잘 때 활성화합니다. 몸에 쌓인 노폐물을 분해하고 낮에 사용할 영양분을 준비하는 것도 주로 밤에 이루어집니다.

그렇다고 잠이 단순히 몸을 쉬게 하고 새로운 힘을 얻는 휴식의 시간으로 그치는 것은 아닙니다. 잠은 뇌가 낮 동안 수집한 기억을 정리하는 시간이며, 다음 날 다시 새로운 기억을 저장할 수 있도록 준비시키는 적극적인 정신 활동의 시간이기도 합니다.

새의 번식 과정을 관찰하며 동영상을 찍어 강연 자료로 삼거나 SNS에 올리기도 합니다. 촬영한 것을 그대로 사용하는 경우는 거의 없습니다. 버려야 할 부분도 많이 섞여 있기 마련입니다. 순서를 바꿔야 좋을 것이 많고 내용과 관계없는 소음을 지워야 할 때도 흔합니다. 편집 과정이 필요하다는 뜻이지요. 나중에 검색하기 쉽게 내용을 잘 분류하고 저장하는 과정도 필수적이고요. 뇌의 작동 방식도 다르지 않습니다. 뇌 또한 기억을 편집하고 저장하는 시간이 필요합니다. 그 시간이 바로 잠인 것입니다.

잠이 동물의 영역인 것만은 아닙니다. 식물과 미생물도 잠을 잡니다. 표현은 조금 달리하겠습니다. 식물의 잠은 '휴면'이라 부릅니다. '휴'는 쉬는 것이고, '면'은 자는 것입니다. 어떤 면에서는 식물이 현명합니다. 날마다 때가 되면 자는 대신, 꼭 필요한 상황에서만 잡니다. 극심한 추위나 더위, 물 부족, 빛 부족과 같은 가혹한 환경 조건을 맞닥뜨리면 휴면에 들어가는 것이지요. 물질대사를 극도로 낮춘 채 외부 환경 조건이 다시 좋아질 때까지 꼼짝도 하지 않고 버팁니다.

대표적으로 세균이 그렇습니다. 토양에서 살아가는 박테리아 중 일부가 극한의 온도, 건조 등의 외부 스트레스나 생장 또는 물질대사에 필요한 영양분이 부족한 환경에 노출되었을 때 생존을 위해 '내생 포자'라 불리는 특수한 구조를 체내에 만듭니다. 내생 포자는 악조건에서도 살아남을 수 있도록 극저온이나 극고온, 가뭄, 열, 독성 화학 물질, 독극물, 자외선 등을 견딜 수 있습니다. 그러다 생존에 적합한 환경이 돌아오거나 제공되면 다시 정상적으로 분열 및 증식합니다. 내생 포자는 100년 이상 휴면상태를 유지할 수 있습니다. 심지어 내생 포자는 100℃의 끓는 물에서도 생존할 수 있습니다. 이러한 이유로 실험실에서 멸균을 할 때는 대기압보다 높은 압력에서 121℃의 온도로 15 ~ 20분 동안 고압 증기 멸균을 합니다. 그래야 내생 포자까지 무력화할 수 있기 때문입니다.

이제 깨어 있다는 것에 대하여 생각해 보겠습니다. 오후여서 일어난 지 꽤 되었고 졸지도 않고 있는데 깨어 있으라는 말을 들은 경험이 있습니다. 나 역시 멀쩡히 깨어 있을뿐만 아니라, 나의 졸린 이야기를 듣고 있는 이에게 깨어 있어야 한다고 말한 적이 있습니다. 깨어 있다는 것은 알맞게 긴장하고 있는 상태를 말합니다.

자연의 세계에서 깨어 있어야 하는 까닭은 자신의 안위를 지키기 위해서입니다. 천적은 주로 밤에 움직입니다. 한 개체가 밤새 깨어 있기 어렵습니다. 어쩔 수 없습니다. 운명에 맡기는 경우가 많습니다. 무리를 이루면 유리합니다. 다 깨어 있을 필요가 없습니다. 어느 하나만 제대로 깨어 있으면 되니까요. 군대에서도 밤에 서로 돌아가며 불침번을 섭니다. 다 깨어 있을 필요는 없으니까요.

무리 생활을 하는 동물 중 두루미의 밤의 모습을 가장 많이 보았습니다. 저들이 지구에서 산 역사가 인간보다 더 깁니다. 저들이 먼저 불침번을 서기 시작한 것이 틀림없습니다. 아무리 추워도 하나는 반드시 깨어 있습니다. 겨울, 살을 에는 추위에 모두 긴 목을 털 속으로 파묻습니다. 파고든다는 표현이 맞겠습니다. 그 긴 목이 어디 있는지 구분하기 힘들 만큼으로요. 그때, 하나는 머리 전체를 아니면 적어도 눈만큼은 밖으로 꺼내고 있습니다. 그 하나 덕분에 다른 친구들은 그나마 견딜 만한 것이고요. 밤에만 그런 것이 아닙니다. 낮에도 누구 하나는 고개를 들고 있습니다. 이런 행동은 가족 넷에서부터 시작합니다. 그러니 여러 가족이 모여 수십, 수백, 수천이 무리를 이루어도 안전이 보장되는 것입니다. 자기를 살피고 서로를 살피는 눈이 더 많아지니까요. 깨어 있다는 것은 이런 것입니다.

한 걸음 더 나아가겠습니다. 깨어 있다는 것은 간절한 몸부림을 뜻합니다. 간절한 몸부림도 다양합니다. 꺾이고 부러지고 짓밟혀도 포기하지 않는 몸부림, 어떻게든 길을 찾으려는 몸부림, 어떻게든 떠밀리지 않고 거슬러 오르려는 몸부림, 만나고 싶을 것을 만나려는 몸부림, 이르고 싶은 곳에 이르려는 몸부림, 찾아 만나고 싶은 것을 찾아 만나려는 몸부림을 말합니다.

물은 고여 있거나 흐를 뿐이지만 살아 있는 것은 헤쳐 나갑니다. 살아 있는 것은 떠밀려 내려가지 않고 거슬러 오릅니다. 아무리 큰 물고기라도 생명이 끝나면 둥둥 떠다니거나 아주 작은 흐름에도 떠

밀리지만 눈만 뜬 어린 물고기는 살아 있기에 큰 물줄기도 거슬러 오릅니다. 이러한 몸부림이 살아 있음의 가장 간절하고 강렬한 표현이 아닐까 싶습니다.

자연에 깃들인 생명에 눈을 뜨기 시작한 것은 서른 초반이었습니다. 이미 생물학을 10년 공부한 터였지만 눈에는 보이지 않는 물질만 연구하고 있었기에 살아 있는 것 자체에 대해서는 아는 것이 거의 없었습니다. 주로 식물, 곤충, 버섯을 중심으로 나름 열심히 15년을 만났습니다. 그러며 마흔 중반에 이르렀지요. 지금부터 약 20년 전이네요. 이것저것 그저 이름 정도 알게 되었을 뿐인데 몹쓸 병 하나가 꿈틀거렸습니다. "뭐, 눈떴으니 나가기는 하는데 어제 본 것을 오늘 또 보게 될 거야." 하는 시큰둥한 마음이 드는 것이었습니다. 가장 슬픈 것은 이런 거였습니다. "내일마저 오늘 본 것을 또 보게 될 뿐일 텐데……."

어제와 오늘이 같으며, 내일마저 오늘과 다르지 않을 현실이 아팠던 것입니다. 눈은 뜨고 있었지만 자고 있는 것과 다르지 않았습니다. 어쩌면 자는 것보다 더 나쁜 것일지도 모릅니다. 깨어 있고 싶었습니다. 설레고 싶었습니다. 그래서 그해 겨울, 새를 만나기 시작했습니다. 다행히 새에게는 엄청난 매력이 있었습니다.

겨울의 밤은 깁니다. 새벽 5시. 나는 모든 준비가 다 되어 있는데 아직 컴컴합니다. 아무것도 보이지 않습니다. 동해 바다 저 아래에 있을 해를 끌어 올리고 싶었습니다. 볼 수 있게요. 저녁에는 서산으로 지는 해를 손으로 떠받치고 싶었습니다. 조금 더 보고 싶어서요. 덜 자도 좋았습니다. 더 보고 싶었습니다. 더 듣고 싶었습니다. 더 느끼고 싶었습니다. 그때가 내가 가장 깨어 있는 시간이었나 봅니다.

12. 살아 있다는 것은
기적이 일어났다는 뜻이다

살아 있다는 것은 무엇일까요? 더없이 어려운 질문입니다. 그래도 한마디로 말해 보라면 머뭇거리지는 않을 것입니다. 분명한 하나는 있으니까요. 살아 있다는 것은 그 자체로 기적이 일어났다는 뜻이라고요. 주변을 둘러볼까요? 무엇이 보이나요? 민들레, 냉이, 꽃다지, 애기똥풀, 꽃마리, 봄맞이, 느티나무, 은사시나무, 단풍나무, 소나무, 은행나무, 고추잠자리, 방울실잠자리, 노랑나비, 배추흰나비, 벼메뚜기, 참개구리, 청개구리, 참새, 박새, 딱새, 물까치… 저마다 기적이 일어나 존재합니다. 물론 나도요.

나를 무척 아끼고 사랑합니다. 잘 생겼냐고요? 아니요. 60대 중반에 이르렀는데 지금까지 한 번도 들어보지 못했습니다. 아, 건강해 보인다는 말은 많이 들었습니다. 그러니 잘 생기지는 않았나 봅니다. 괜찮아요. 그래도 나니까. 작은 키에 피부까지 까매요. 종합적으로 엉망에 가까워요. 그래도 괜찮아요. 그게 나니까. 게다가 딱 하나뿐인 나니까. 외모를 바꿔 누구를 닮고 싶지 않아요. 그건 내가 딱 하나뿐인 나를 버리고 내가 아닌 남이 된다는 것이니까요. 물론 나도 많은 이의 사랑을 받고 싶은 사람입니다. 간절히요. 그래서 나는 더욱 나를 사랑하기로 했습니다. 내가 스스로 귀하게 여기는 것이지요. 나도 사랑하는 않는 나를 누가 사랑할 것 같지 않아서요. 나도 사랑하지 않는 나를 누가 사랑해 준들 별 의미 없을 것 같아서요.

이런 생각이 그냥 들지는 않았겠지요. 계기가 있었습니다. 중학교 때 생물 시간에 있었던 일이에요. 우리 친구들도 많이 들어 보았을 것입니다. 인간의 탄생, 난자와 정자가 만나 수정란이 만들어지는 과정에 대한 이야기였습니다. 우리는 3억 개의 정자 중 하나, 곧 3억 분의 1의 확률을 뚫고 이곳에 있다는 말씀을 선생님께서 해 주신 것이었지요. 3억 분의 1, 말이 쉽지요. 살다 보면 2분의 1 확률조차 연거푸 맞지 않을 때가 많잖아요. 그러니 3억 분의 1은 일어나지 않는다고 봐야 하겠지요. 그런데 상상력을 조금 발휘해 보았더니 이게 전부가 아니더라고요. 고려해야 할 것이 엄청 많은 거예요. 두 분이 결혼하여 함께 지낸 수많은 날 중 딱 그 날 그 시간일 확률을 생각해야 하잖아요. 고려해야 할 것이 더 있는 것 알겠죠? 그래요. 그 많은 사람 중에 두 분이 만나 결혼할 확률을 보태야 하고, 인간이 어디서 뚝 떨어진 것이 아니니 이러한 일이 적어도 현생 인류의 조상부터 이어져 와야 해요. 달리 표현할 길이 없네요. 아득한 시간이지요.

시간이 흘러 고등학생 때는 그 아득한 시간에 대해서 구체적으로 생각해 볼 기회가 있었어요. 인류 진화에서 최종 단계의 인류를 '현생 인류'라고 불러요. 현재 인간의 직접적인 조상으로 4만 년 전에 출현한 것으로 추정하고 있지요. 4만 년 전부터 시작해서 현재 내가 존재하려면 어떤 일이 벌어져야 할까요? 한 세대를 30년으로 잡으면 1,333세대가 지나야 해요. 그 어마어마한 순간들 중 무엇이 단 한 번이라도 어긋나면 나는 존재하지 않아요. 정말 일어나기 힘든 일이지요. 일어나기 힘든 정도가 아니라, 일어나지 않을 일이 일어났다는 표현이 현실에 더 가까울 거예요. 그러니 기적이지요. 내가 있고, 내 친구가 있고, 내 이웃이 있다는 것은 내게, 내 친구에게, 나의 이웃에게 기적이 일어났다는 뜻인 거예요.

어디 인간뿐일까요? 들녘에 피어난 별꽃 한 포기는 다를까요? 산속에 늠름하게 서 있는 굴참나무는 다를까요? 은사시나무 그루터기에 피어난 고깔먹물버섯은 또 어떻고요. 푸른 하늘을 곡예하듯 멋스럽게 날아다니는 파랑새도 다르지 않을 거예요. 하천 진흙 바닥을 조심스럽게 움직이는 말조개도 다르지 않으리라 생각해요. 어떤 말조개에 알을 낳으면 좋을지 기웃거리는 각시붕어 또한 다르지 않을 것이고요.

겉모습만 다를 뿐, 내가 존재하는 것이 기적이듯, 저들이 존재하는 것 또한 기적이 아니면 무엇일까요. 물고기가 낳은 수많은 알 중 어느 하나가 기적처럼 치어가 되고 성체가 되는 것처럼 말이에요. 무한에 가까운 숫자로 날린 씨앗 중 어느 하나가 어느 곳에서 기적처럼 싹을 틔울 것이고요. 그 싹이 온전한 식물로 자랄 확률은 또 얼마나 낮을까요?

더 기적 같은 일이 있어요. 내가 있기 전에 또 다른 내가 있지 않았으며, 내가 죽은 뒤에 또 다른 내가 있을 수 없다는 거예요. 나는 나로 딱 하나뿐인 존재라는 것이지요. 내가 그렇고, 네가 그러며, 모든 이가 그래요. 살아 있는 것에 같은 것은 없다는 거예요. 그래요. 똑같은 생명은 없어요. 그 무엇도 생명이라면 딱 하나뿐인 존재라는 뜻이에요. 그래서 모든 생명이 소중한 것이고요.

"무슨 말이죠? 인간은 그렇다 치더라도 다른 생물은 모두 같지 않나요?" 할 수 있어요. 별꽃은 모두 같으며 그래서 별꽃이고, 굴참나무는 모두 같으며 그래서 굴참나무고, 고깔먹물버섯은 모두 같으며 그래서 고깔먹물버섯이라고 말이지요. 그렇지 않아요. 그것은 마치 사람은 머리, 얼굴, 목, 몸통, 두 팔, 두 다리가 있어서 모두 같다는 것과 다르지 않아요.

생명은 모두 다르며, 저마다 딱 하나뿐인 소중한 존재라는 생각을 지니고 다지기에 좋은 방법은 직접 생명과 마주하는 거예요. 나의 경우는 그렇습니다. 나의 집은 산자락과 이웃하고 있어요. 산이 있으면 오르는 사람이 있기 마련이지요. 발걸음이 쌓여 한 사람이 간신히 지날 작은 길 하나가 생깁니다. 길이 생기니 오르는 발걸음은 더 모이기 마련이지요. 좁은 길이 산이 허락하는 만큼 조금씩 넓어집니다. 시간이 많이 흐르면 두 사람이 지날 만큼이 되기도 하고 더 넓어지기도 하고요. 길 한 줄기가 모습을 갖추면 곳곳에서 작은 샛 길이 뻗어 나가기 시작합니다. 생각하는 것, 소망하는 것, 이르러 닿고 싶은 곳이 서로 다르기 때문이지요. 줄기에 해당하는 길이 생기면 이어 굵은 가지에 해당하는 길이 생깁니다. 굵은 가지에서 잔가지의 길이 생기는 것은 그저 시간 문제일 뿐이고요. 주변 산에 열린 길 중 적잖은 길이 나의 걸음으로 만들어졌어요.

아직 다른 이는 알지 못하여 홀로만 걸을 수 있는 솔숲 길을 따라가다 그루터기에 잠시 몸을 맡깁니다. 하늘빛이 맑고 고우며 그리 춥지도 않은 날입니다. 바로 곁에 숲이 있는 것이 큰 축복입니다. 가까이 있어도 다가서지 않거나 그 안에 들어서지 않으면 없는 것과 다르지 않은데 다가서는 삶을 산 것도 다행이고요.

이웃 산을 지키는 나무는 거의 소나무입니다. 큰길에서 산으로 그저 몇 걸음 들어서도 느낌은 사뭇 다르지요. 소나무 숲 사이를 지나는 솔바람이 상큼합니다. 같은 잎도 햇살이 닿는 각도에 따라 푸름의 옅고 짙음이 변합니다. 너무 강한 빛은 푸름을 들뜨게 합니다. 오히려 막 떠오른 아침 햇살이나 서산으로 기울어지기 직전의 햇살이 솔잎의 푸름에 기품을 더하지요. 솔잎 사이사이로 내리는 빛에 기대어 오래도록 앉아 있었더니 햇살이 스스로 돕니다. 얼굴 정면에 닿았다가 뺨을 비춰 주다가 이제는 등을 간질이고 있네요.

햇살이 내게 그리하듯 수천 그루의 소나무 하나하나에 골고루 눈길을 주어 보았습니다. 그래요. 틀림없이 소나무이지만 소나무마다

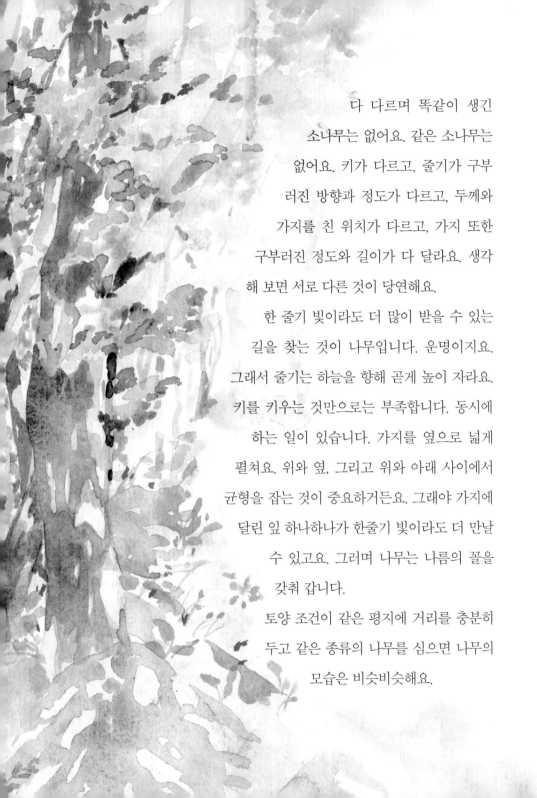

다 다르며 똑같이 생긴
소나무는 없어요. 같은 소나무는
없어요. 키가 다르고, 줄기가 구부
러진 방향과 정도가 다르고, 두께와
가지를 친 위치가 다르고, 가지 또한
구부러진 정도와 길이가 다 달라요. 생각
해 보면 서로 다른 것이 당연해요.

한 줄기 빛이라도 더 많이 받을 수 있는
길을 찾는 것이 나무입니다. 운명이지요.
그래서 줄기는 하늘을 향해 곧게 높이 자라요.
키를 키우는 것만으로는 부족합니다. 동시에
하는 일이 있습니다. 가지를 옆으로 넓게
펼쳐요. 위와 옆, 그리고 위와 아래 사이에서
균형을 잡는 것이 중요하거든요. 그래야 가지에
달린 잎 하나하나가 한줄기 빛이라도 더 만날
수 있고요. 그러며 나무는 나름의 꼴을
갖춰 갑니다.

토양 조건이 같은 평지에 거리를 충분히
두고 같은 종류의 나무를 심으면 나무의
모습은 비슷비슷해요.

그런데 실제 산속은 평지가 아니며
나무와 나무 사이의 거리도 다르고 나무
마다 서 있는 곳의 형편이 모두
달라요. 산이니 경사면도
많고요. 경사면이 어느 쪽을
바라보고 있느냐에 따라 빛이
닿은 차이가 크지요. 오전에
빛이 잘 드는 곳이 있고
오후에 빛이 잘 드는 곳이
있으며, 하루 종일 빛이 잘
드는 곳이 있고 하루 종일 빛
만나기 어려운 곳도 있어요.
　　빛이 잘 드는 곳에 있는
친구는 키를 키우는 동시에 옆으로도
가지의 세력을 키워 나가요. 빛을 덜 받는
곳에 있는 친구는 어쩔 수 없이 키를 키우는
데 힘을 쏟고요. 위쪽으로 키만 키우다 보니
아무래도 줄기는 홀쭉해 질 수밖에 없어요.
　　빛 조건과 관계없이 이웃 나무와의 거리가
빠듯해서 빽빽이 서 있는 나무 역시 빛을 조금이라도

더 만나려면 주로 위쪽으로 커야 해요. 줄기가 튼실하지 못하고 홀쭉하기는 마찬가지이지요.

뿐만 아닙니다. 이웃과의 관계가 저마다 달라요. 줄기가 곧게 자라다가도 이웃 나무 또는 바위 같은 지형 때문에 어쩔 수 없이 휘기도 하고 비틀어지기도 하지요. 줄기뿐일까요. 가지의 형편도 다르지 않겠지요. 여기서 끝이 아니에요. 줄기와 가지가 일정한 형태를 갖추었어도 또 다시 변할 요소는 얼마든지 있어요.

모질고 거친 바람이 몰아칠 때가 많잖아요. 어지간한 나무는 휘청거리기는 해도 부러지지는 않아요. 하지만 줄기의 형편 또한 모두 다릅니다. 바람의 세기만큼 휠대로 휘다 원래의 위치로 온전히 돌아오기도 하지만 제 위치로 오지 못할 때도 있어요. 바람이 더 강해지면 가지가 휘는 수준을 넘어 부러지고, 꺾이고, 잘려 나가고, 뚝 끊어지고, 찢겨 나가기도 하지요. 더군다나 폭설이 내리면 숲에서는 나뭇가지의 통곡 소리가 나요. 눈의 무게, 더군다나 녹기 시작하는 눈의 무게는 엄청나거든요. 그 무엇으로도 부러뜨리기 어려워 보이는 두꺼운 가지들이 쩍쩍 갈라지며 부러져 나가는 것을 많이 보았어요. 그러며 나무는 저마다 딱 하나뿐인 나름의 꼴로 살아갑니다.

갈매기처럼 수만, 수십만 마리의 새들이 좁은 공간에 다닥다닥 붙어 번식하는 모습을 영상으로 만난 적이 있을 거예요. 수많은 무리의 펭귄 또는 물범이 역시 좁은 공간에 모여 번식하는 과정도 자료를 통해 만났을 것이고요. 우리 눈에는 모두 같아 보이지만 저들은 제 짝을, 제 새끼를 또렷이 구분해요. 언뜻 보아서 그렇지 자세히 보면 모두 다르거든요.

새의 노랫소리를 듣고 누구의 소리인지 알 수 있어요. 꾜르르르르르르, 꾜르르르르르르; 호반새. 뚜루루루루루루르, 뚜루루루루루루르; 두루미. 우리는 소리를 통해 어느 종인지는 알 수 있지만 개체까지 구분하기는 쉽지 않지요. 하지만 저들은 소리로도 제 짝과 제 새끼를 정확히 구분해요. 공통의 특징은 있지만 소리가 저마다 같은 듯 다르기 때문이지요.

사람도 그렇잖아요. 머리, 얼굴, 목, 몸통, 두 팔, 두 다리. 얼굴에는 눈이 둘, 코 하나에 콧구멍은 둘, 그리고 입이 있어요. 이것이 공통의 특징이지요. 하지만 똑같은 사람은 없잖아요. 일란성 쌍생아마저 얼핏 보면 같으나 자세히 보면 뭐라도 다르고요. 같은 옷을 입고 같은 머리를 하고 있더라도 부모는 누가 형이고 동생인지, 누가 언니고 동생인지 금방 알아차려요. 똑같지는 않으니까요.

숲속을 다시 둘러봅니다. 이제 더 또렷이 보여요. 세상에 똑같은 나무는 없어요. 똑같은 소나무가 없고, 층층나무도 모두 다르며, 졸참나무도 모두 달라요. 서로 처지가 다르고 이웃과의 관계가 달라요. 이웃과 경쟁하지만 배려도 있고 양보도 있어요. 그러며 나무는 저마다 하나뿐인 모습으로 살아 가요. 서로 다른 것이, 다양한 것이 가장 건강한 것이기도 하니까요.

　그래요. 살아 있다는 것은 이미 그 자체로 기적이에요. 게다가 더 기적인 것은 똑같은 생명은 없다는 거예요. 그 무엇도 생명이라면 딱 하나뿐이라는 뜻이지요.

　그래서 나는 나로 살려 해요.

　그러니 나는 내가 되려고 해요.

　딱 하나뿐인 기적같이 소중한 나.

　기적이 현실이 된 딱 하나뿐인 소중한 나로.

생각이 찾아오는 학교 너머학교

생각교과서
너머학교
열린교실

 생각한다는 것 고병권 선생님의 철학 이야기
고병권 지음 | 정문주 · 정지혜 그림

 탐구한다는 것 남창훈 선생님의 과학 이야기
남창훈 지음 | 강전희 · 정지혜 그림

 기록한다는 것 오항녕 선생님의 역사 이야기
오항녕 지음 | 김진화 그림

 읽는다는 것 권용선 선생님의 책 읽기 이야기
권용선 지음 | 정지혜 그림

 느낀다는 것 채운 선생님의 예술 이야기
채운 지음 | 정지혜 그림

 믿는다는 것 이찬수 선생님의 종교 이야기
이찬수 지음 | 노석미 그림

 논다는 것 오늘 놀아야 내일이 열린다!
이명석 글 · 그림

 본다는 것 그저 보는 것이 아니라 함께 잘 보는 법
김남시 지음 | 강전희 그림

 잘 산다는 것 강수돌 선생님의 경제 이야기
강수돌 지음 | 박정섭 그림

 사람답게 산다는 것 오창익 선생님의 인권 이야기
오창익 지음 | 홍선주 그림

 그린다는 것 세상에 같은 그림은 없다
노석미 글 · 그림

관찰한다는 것 생명과학자 김성호 선생님의 관찰 이야기
김성호 지음 | 이유정 그림

말한다는 것 연규동 선생님의 언어와 소통 이야기
연규동 지음 | 이지희 그림

이야기한다는 것 이명석 선생님의 스토리텔링 이야기
이명석 글 · 그림

기억한다는 것 신경과학자 이현수 선생님의 기억 이야기
이현수 지음 | 김진화 그림

가꾼다는 것 '내-생태계'와 함께 성장하는 이야기
박사 글 · 그림

차별한다는 것 차별을 알면 다름이 보인다
권용선 지음 | 노석미 그림

듣는다는 것 음악으로 듣는 너의 이야기
이기용 지음 | 이유정 그림

보여진다는 것 보는 나와 보여지는 나 사이에서 살아가는 법
김남시 지음 | 이지희 그림

쓴다는 것 매일매일 더 나아지는 나를 위한 글쓰기
박철현 지음 | 이윤희 그림

공감한다는 것 다름을 상상하고 연결하는 힘
이주언, 이현수 지음 | 키미앤일이 그림

묻는다는 것 질문은 어떻게 우리를 해방시키는가?
정준희 글 | 이강훈 그림

그림을 그린 **유해린** 선생님은
화가이자 그림책 작가입니다. 사람의 얼굴과 자연에 관심이 많습니다. 모든 게 서로 섞이고 흘러가는 모습을 표현하기 위해
물을 활용한 작업을 합니다. 글을 쓰고 그린 그림책 「물결을 닮았나 봐요」가 독일 뮌헨 국제어린이청소년도서관이 매년 전
세계에서 출간된 어린이청소년책 가운데 주목할 만한 작품으로 뽑는 '2024 화이트레이븐스'에 선정되었습니다.

살아 있다는 것

2025년 1월 10일 제1판 1쇄 인쇄
2025년 1월 17일 제1판 1쇄 발행

지은이	김성호
그린이	유해린
펴낸이	김상미, 이재민

편집	이지완
디자인	민진기디자인

펴낸곳	(주)너머_너머학교
주소	서울시 서대문구 증가로20길 3-12
전화	02)336-5131, 335-3366, 팩스 02)335-5848
등록번호	제313-2009-234호

너머북스와 너머학교는 좋은 서가와 학교를 꿈꾸는 출판사입니다.